Thomas Kraft

Die Deutschlandmission der Katholisch-apostolischen Gemeinden und ihr Konflikt mit der Ev. Landeskirche im Fürstentum Waldeck-Pyrmont

Das Foto auf dem Umschlag zeigt Wandmalereien in der ehemaligen Kapelle der Katholisch-apostolischen Gemeinde in Rhenegge, die bei Renovierungsarbeiten freigelegt wurden. © Fotografie: Susanne Wallat.

Impressum

© 2023 Thomas Kraft
 Alle Rechte vorbehalten
 ISBN: 978-3-7504-0410-6
 Herstellung und Verlag:
 BoD - Books on Demand, Norderstedt

Inhalt

Vorwort

Meine erste Begegnung mit den Katholisch-apostolischen Gemeinden war eher zufälliger Natur. Bei Spaziergängen während meiner ersten Marburger Zeit in den Jahren 1987-1990 stieß ich auf die Katholisch-apostolische Kapelle am Marburger Schlossberg. Die Bezeichnung am Gebäude angebrachte Tafel mit der Bezeichnung „katholisch-apostolisch" sagte mir nichts, sodass ich mich in der konfessionskundlichen Literatur über die Gemeinschaft informierte. Was ich dort fand, verband sich kaum zu einem klaren Bild: charismatisch und liturgisch, erwecklich und zugleich nur noch als Restgemeinden ohne geistliche Hierarchie bestehend. So recht konnte ich mir darunter nichts vorstellen. Erst viele Jahre später, nach meinem Studium, das ich in Hamburg und England absolviert hatte, lernte ich in einer anderen Stadt in einem ökumenischen Zusammenhang ein Gemeindeglied der Katholisch-apostolischen Gemeinde kennen. Er lud mich ein, einen der Gottesdienste zu besuchen. Das Angebot nahm ich gerne an. Wir verabredeten uns zu einem Nachmittagsgottesdienst am Sonntag. Das Erlebnis war eindrücklich. Die Gestaltung der Kirche erinnerte mich sehr an die Kirchen in England. Ich erlebte ein intensives Gebet, die Liturgie wurde überwiegend gesungen. Auch liturgische Elemente aus der anglikanischen Tradition erkannte ich wieder. Dem ersten Besuch der Nachmittagsliturgie folgten weitere in anderen deutschen Städten und auch in der einzig noch aktiven Gemeinde in London, wo ich später mehrere Jahre lebte. Während dieser Zeit ergab sich auch ein Besuch in Albury Park in Surrey, wo die Katholisch-apostolischen Gemeinden in der Apostelkapelle ihr geistliches Zentrum hatten. Ich las mich in die Geschichte der Gemeinden ein und lernte ihre reichhaltige geistliche Literatur kennen, die durch das Projekt Albury von Peter Sgotzai heute weitgehend elektronisch verfügbar ist. Der geistliche Ernst, die zutiefst ökumenische und katholische Gesinnung der Gemeinden und die Schönheit ihrer Liturgie beeindruckten mich tief. Zugleich bewegte mich die Frage, warum die Gemeinden ihren geistlichen Reichtum nicht stärker in das ökumenische Gespräch heute einbringen. Dass der Grund dafür nicht in sektiererischer Abgrenzung oder eigenem Exklusivitätsanspruch liegt, wird jedem schnell deutlich, der sich mit der Geschichte und Gegenwart der Gemeinden beschäftigt. Nie habe ich in meinen Gesprächen mit Gliedern der Katholisch-apostolischen Gemeinden ein negatives Wort über andere Kirchen und Gemeinden gehört.

In dieser Arbeit verbindet sich konfessionskundlich-theologisches Interesse mit der Regionalgeschichte. Im Zuge einer Forschungsarbeit über die Erweckungsbewegung in Waldeck stieß ich auf die kleine Katholisch-apostolische Gemeinde in Rhenegge. Der Aktenbestand im Landeskirchlichen Archiv in Kassel zu ihrem Konflikt mit der Waldeckischen Landeskirche war bislang nicht ausgewertet worden. Auch ich konnte dies im Rahmen der damaligen Arbeit nicht erschöpfend tun. Als sich später im Rahmen meines berufsbegleitenden Masterstudiengangs Ev. Theologie an der Philipps-Universität Marburg die Frage nach einem Thema für die Masterarbeit stellte, schlug ich Prof. Dr. Karl Pinggéra vor, diesen Aktenbestand auszuwerten und als Fallstudie in den Kontext der Deutschlandmission der Katholisch-apostolischen Gemeinden einzuordnen. Dankenswerterweise stimmte er zu. Das Ergebnis wurde im Frühjahr 2022 als Masterarbeit am Fachbereich Ev. Theologie angenommen. Diese Publikation ist eine nur leicht überarbeitete Form der eingereichten Arbeit. Die Veröffentlichung wurde durch ein Forschungsstipendium der Stiftung des Fürstlichen Hauses Waldeck und Pyrmont ermöglicht, der ich dafür herzlich danke.

Im Advent 2022
Thomas Kraft

I. Einleitung und Fragestellung

Die Katholisch-apostolischen Gemeinden (im folgenden KAG) sind heute aus der Öffentlichkeit verschwunden. Obwohl in Deutschland noch ca. 40 aktive Gemeinden mit zum Teil sehr stattlichen Kirchengebäuden bestehen, treten sie im kirchlichen Leben und im ökumenischen Miteinander nicht in Erscheinung. Dies war nicht immer so. Die Gemeinden, die ab den 1830er Jahren in England entstanden, verbreiteten sich rasch über viele europäische Länder. Im Jahr 1900 bestanden in Kontinentaleuropa 441, in Großbritannien 390 Gemeinden.[1] Die Zahl der Mitglieder überstieg die Marke von 200.000, davon ca. 60.000 in Deutschland.[2] Ihre Besonderheit lag in einer Kombination aus evangelikaler[3] Frömmigkeit, charismatischer Erfahrung, einer pointierten Eschatologie und hochkirchlicher Liturgie. Alle diese Elemente fanden sich auch in anderen religiösen Bewegungen der Zeit, in ihrer Kombination waren die KAG jedoch singulär. Sie entwickelten nicht nur eine Vision kirchlicher Einheit, lange bevor die ökumenische Bewegung größere Teile der Christenheit erfasste, sie gingen auch konkrete Schritte zu deren Umsetzung. Als ihre Vision einer unter Aposteln[4] geeinten Kirche kein Gehör bei den Führern der Christenheit fand,

---

[1] Allein in Deutschland wuchs diese Zahl auf 347 im Jahr 1912. Die Zahl für Großbritannien bezieht sich auf das Jahr 1906. Vgl. Grass, Work, S. 86-87.
[2] Vgl. Born, Werk, S. 184.
[3] Der Begriff „evangelikal" wird in dieser Arbeit für die evangelische Frömmigkeit verwendet, die sich in Folge der Erweckungsbewegung des 18. Jahrhunderts im Methodismus und im Low Church-Flügel in der Anglikanischen Kirche im frühen 19. Jahrhundert gebildet hatte. Der deutsche Begriff „evangelikal" fand erst im späten 20. Jahrhundert Eingang in die deutsche Sprache als Abgrenzung zum sonst verwendeten „evangelisch" und bezog sich dann vorwiegend auf die evangelikale Bewegung nordamerikanischen Typs. Vgl. dazu Fiedler, Bewegung, Sp. 1696-1697.
[4] Die Amtsbezeichnungen der KAG werden in dieser Arbeit nicht in Anführungszeichen gesetzt. Auch wenn der Anspruch der Leiter der Gemeinden, als Apostel durch Propheten berufen zu sein, von den Gegnern und Vertretern anderer Kirchen bestritten wurde, nahmen sie innerhalb der Hierarchie der KAG diese Ämter ein. Durch die Reproduktion der Amtsbezeichnungen ist kein Urteil über diesen Anspruch intendiert.

formten sie eigene Gemeinden als „Muster" und Vorbild für die zukünftige Gestalt der Kirche.

Ebenso wie die Entstehung und Ausbreitung hat ihr Verschwinden das Interesse der Forschung hervorgerufen. Die Gemeinden sahen keinen Auftrag zur Nachberufung von Aposteln nach deren Tod. Somit gingen sie nach dem Tod des letzten Apostels immer weiter zurück, die Hierarchie erlosch. Die Gemeinden verstanden es so, dass der Herr sein „Werk" zurückgezogen hatte. Über der Frage neuer Apostelberufungen kam es jedoch zu Abspaltungen.[5] Die KAG wurden somit gegen ihren Willen zur Keimzelle der Konfessionsgruppe Apostolischer Gemeinschaften, was ihre Bedeutung für die neuere Kirchengeschichte begründet.[6]

Auslöser für die heutige Faszination ist zumeist die ökumenische Vision der Gemeinden.[7] Ihr Anspruch und ihre Verkündigung führten jedoch im 19. Jahrhundert zu Konflikten mit den Mehrheitskirchen, in deren Territorien sie in Erscheinung traten. In dieser Arbeit soll der Konflikt zwischen den KAG und der Evangelischen Landeskirche an einem konkreten Fall untersucht werden: In dem waldeckischen Dorf Rhenegge[8] entstand ab 1876 eine kleine KAG, deren Mitglieder nach einem längeren Konflikt 1892 als aus der Evangelischen Landeskirche im Fürstentum Waldeck-Pyrmont ausgeschlossen betrachtet wurden. Dafür wird eine Akte im Landeskirchlichen Archiv

---

[5] Vgl. zu den Vorgängen um die nicht autorisierten Apostelberufungen durch den Engelpropheten Geyer: Schröter, Gemeinden.

[6] Vgl. Obst, Apostel, S. 17. Die größte dieser Gemeinschaften ist die Neuapostolische Kirche mit weltweit ca. 9 Millionen Mitgliedern.

[7] So bei R. F. Edel und auch bei Schröter, vgl. dazu Abschnitt 2.

[8] Rhenegge liegt in den nordöstlichen Ausläufern des Rothaargebirges am Rande des Waldecker Uplands und ist heute ein Ortsteil der Gemeinde Diemelsee.

Kassel ausgewertet, die die Auseinandersetzung in 18 Einzelvorgängen aus den Jahren 1885-1892 dokumentiert.[9]

Zunächst soll nach einem Überblick über Literatur und Forschungsstand (Kap. 2) die Entstehung und Theologie der KAG dargestellt werden. Deren Entstehungsgeschichte (Kap. 3.1) lässt sich in drei Phasen einteilen, die jeweils für einen wesentlichen Aspekt ihrer Theologie stehen. Es liegt eine Reihe von Geschichtsdarstellungen katholisch-apostolischer Autoren vor. Da diese von Amtsträgern der Gemeinden verfasst und von den Aposteln autorisiert wurden, neigen sie dazu, die Darstellungen zu glätten und diese vor allem unter dem Aspekt des heilsgeschichtlichen Handelns Gottes zu betrachten. Daher wird auf kritische Studien zurückgegriffen, die – soweit möglich – auch nichtoffizielle Quellen einbeziehen.

Die Darstellung der katholisch-apostolischen Theologie (Kap. 3.2.) hingegen erfolgt auf der Basis der offiziellen und autorisierten Texte der Gemeinden. Diese weisen eine bemerkenswerte Konsistenz auf. Trotzdem wird bei der Auswertung den Schriften der Apostel und anderer hoher Amtsträger der Vorzug vor den Schriften anderer Autoren gegeben, insbesondere wird auf das „Testimonium" der Apostel[10] zurückgegriffen, das als erste umfassende Bekenntnisschrift für die breite Öffentlichkeit erstellt wurde und einen Abriss ihrer Lehre und ihres Selbstverständnisses bietet. Da die KAG an den altkirchlichen Glaubensbekenntnissen festhielten[11] und keine Sonderlehren vertraten, wird der Fokus auf Ekklesiologie und Eschatologie gelegt, da in diesen beiden Feldern die wesentlichen Distinktionspunkte ihrer Lehre gegenüber der traditionellen Theologie liegen.

---

[9] Acta Adorf. Die handschriftlichen Quellen werden in der Orthographie und Interpunktion der Originale zitiert.
[10] Vgl. Testimonium.
[11] Vgl. Thiersch, Inbegriff.

Anschließend sollen die Anfänge der Katholisch-apostolischen Mission in Deutschland beschrieben werden (Kap. 4). Der erste katholisch-apostolische Gottesdienst und die ersten Weihen fanden 1847 in Frankfurt am Main statt. Aus ihnen ging als Gemeindegründung die Gemeinde in Marburg hervor, die 1848 offiziell gegründet wurde.[12] Ihr stand Prof. Heinrich W. J. Thiersch vor, der erste in Deutschland geweihte Priester. Der Fall Thiersch ist aus mehreren Gründen für das Thema bedeutsam. Mit Heinrich W. J. Thiersch trat nicht nur ein prominenter evangelischer Theologe den KAG bei, der Konflikt zwischen seiner Marburger Gemeinde und der Ev. Landeskirche in Kurhessen bildete auch einen Modellfall, an dem sich das Vorgehen des Waldeckischen Konsistoriums im Umgang mit der Gemeinde in Rhenegge orientierte. Auch sonst gab es Verbindungen: Die Gemeinde Marburg entsandte zu Missionsaufgaben einen ihrer Evangelisten nach Rhenegge. Ab 1897 wiederum übernahm Christian Arnold aus Rhenegge die Leitung der Gemeinde Marburg. Neben der biographischen Literatur zu H. W. J. Thiersch[13] dient hier vor allem seine handschriftliche Chronik der Gemeinde Marburg von 1847 bis 1864 als Quelle.[14] Bei der Darstellung stehen folgende Fragen im Mittelpunkt: Was motivierte die Deutschlandmission der KAG, was war ihr Ziel? Welche Strategien wurden angewandt? Wie verstanden die Gemeinden ihre Rolle im Hinblick auf die in Deutschland etablierten Kirchen?

Anschließend soll der Konflikt um die Gemeinde Rhenegge untersucht werden (Kap. 5).

---

[12] Born spricht von der Marburger Gemeinde als der ersten Gemeinde in Deutschland, weil er das Datum der Priesterweihe Thierschs als Gründung der Gemeinde ansieht. Vgl. Born, Werk, S. 83. Schröter hingegen datiert die Gemeindegründung erst auf den 4. Februar 1849, den Tag der ersten Eucharistiefeier. Damit sieht er Berlin als erste KAG in Deutschland. Vgl. Schröter, Gemeinden, S. 429.

[13] Insbesondere Edel, Weg, sowie Wigand, Leben.

[14] Chronik Marburg.

Dabei geht es um die Frage, an welchen Punkten sich der Konflikt zwischen der Landeskirche und den Angehörigen der KAG entzündete? Wie reagierte die Landeskirche, welche Strategie des Umgangs mit der Gemeinde wurde angewandt und welche disziplinarischen Mittel wurden gewählt? Wie gestaltete sich die inhaltliche und theologische Auseinandersetzung mit der katholisch-apostolischen Theologie? Wo liegen die entscheidenden theologischen Unterschiede? Welche unterschiedlichen Zielsetzungen und Tonlagen sind bei den jeweiligen Akteuren erkennbar? Wie wird die Stellung der Mitglieder der KAG zur Landeskirche am Ende entschieden?

II. Literatur und Forschungsstand

Wer sich heute mit der Geschichte und Theologie der KAG beschäftigt, steht vor dem Problem, dass die ehemals zahlreiche und weit verbreitete Literatur der Gemeinden kaum mehr erhältlich und Archivmaterial der Gemeinden der Forschung nicht zugänglich ist. Dies hat zwei Gründe: Zum Ersten begann aus der Sicht der KAG mit dem Tod des letzten Apostels im Jahr 1901 eine „Zeit der Stille".[15] Neue Amtsträger konnten nicht mehr eingesetzt werden. Die Hierarchie starb aus – mit Karl Schrey (geb. 1869)[16] verstarb 1960 der letzte Engel weltweit, mit Wilfrid Maynard Davson (geb. 1875) 1971 der letzte Priester.[17] Damit endete die Feier der Sakramente.[18] Aus Sicht der Gemeinden hatte Gott sein Werk zurückgenommen. Die öffentliche Wirksamkeit wurde weitgehend eingestellt, in Großbritannien kehrten die Gemeindeglieder in ihre Ursprungskirchen zurück, während in Deutschland und den Niederlanden eine größere Anzahl von Gemeinden weiterhin bestand, aber sehr zurückgezogen lebte. Dies bedeutete für die Gemeinden auch, ihre Publikationen einzustellen und die bislang verfügbare Literatur nur noch intern zu verbreiten, auch aus Angst, das Material könnte missbräuchlich verwendet werden, um aus menschlichen Motiven Elemente des ursprünglichen Werkes zu kopieren oder wiederzubeleben.

Zum Zweiten verstanden die Gemeinden ihre eigene Geschichte als Heilsgeschichte und direktes Handeln Gottes. Ihre publizistische Tätigkeit richtete sich darauf, Menschen für dieses Wirken Gottes zu gewinnen.[19] Durch die „Rücknahme des Werkes" war dieser Zweck nicht mehr gegeben und ihr öffentliches Zeugnis verstummt. Darstellungen der Geschichte

---

[15] Vgl. Grass, Work, S. 228-263. Ebenso: Newman-Norton, Zeit der Stille; vgl. auch: Capadose, Zeit.
[16] Vgl. Sgotzai, Verzeichnis, S. 106.
[17] Vgl. Sgotzai, Verzeichnis, S. 35.
[18] In einigen KAG werden Taufen durch Laien gespendet.
[19] Zur Problematik vgl. Nemec, Geschichtsdarstellung, S. 39.

zielten auf eine Antwort des Glaubens und sollten nicht Gegenstand kritischer historischer Forschung sein. Aus diesem Grund fehlen wissenschaftliche Studien und Veröffentlichungen zur Geschichte aus den KAG selbst.[20] Anfragen Außenstehender nach Auskunft aus den Archiven der Gemeinden werden in der Regel zurückhaltend beantwortet.[21] Sie sind aber nicht unmöglich, sofern das Vertrauen besteht, dass mit den Informationen verantwortlich umgegangen wird.[22]

Seit einigen Jahren ist ein verstärktes Interesse an den KAG aus dem Bereich der Neuapostolischen Kirche zu beobachten. Besonders zu nennen ist das „Netzwerk Apostolische Geschichte", das sich immer wieder auch Themen aus der Geschichte der KAG widmet.[23] Diese Arbeiten sind jedoch nicht frei von der Tendenz, spätere neuapostolische Entwicklungen bereits in die Zeit der KAG hinein zu projizieren.[24] Dem Netzwerk Apostolische Geschichte ist zu verdanken, dass eines der wichtigsten Projekte zur Geschichte der KAG weiterhin verfügbar ist: Peter Sgotzai hat in vieljähriger Arbeit mehr als 2.000 Schriften erfasst und als Online-Ressource verfügbar gemacht.[25]

---

[20] Die von Thiersch handschriftlich angefertigte Chronik der KAG Marburg bis zum Jahr 1864 bildet eine Ausnahme, da sie nicht in Marburg verblieb, sondern mit dem Nachlass Thierschs an die Bayerische Staatsbibliothek überging, wo sie nun für Forschungszwecke zur Verfügung steht.
[21] Zur Quellenproblematik vgl. Grass, Work, S. 5. Die Zurückhaltung ging in einem Fall soweit, dass Grass vor einer weiteren wissenschaftlichen Beschäftigung mit der Geschichte der KAG gewarnt wurde.
[22] Eine besondere Zurückhaltung besteht gegenüber Vertreterinnen und Vertretern der Neuapostolischen Kirche, da man deren Anspruch, legitime Nachfolger der KAG zu sein, entschieden zurückweist.
[23] Vgl. dazu Eberle, Gemeinden.
[24] So spricht etwa Manfred Henke von der „Katholisch-apostolischen Kirche" in Analogie zur „Neuapostolischen Kirche". Dies entspricht nicht dem Sprachgebrauch und Selbstverständnis der KAG, die sich stets als „Gemeinden" innerhalb der Kirche Jesu Christi verstanden. Vgl. Henke, Abendmahl.
[25] Apostolic Documents, abrufbar unter https://www.apostolische-geschichte.de/sgotzai.php (abgerufen am 13.2.2022). Die Schriften werden fast ausschließlich in ihren deutschen Ausgaben dokumentiert. Ein Manko aus

Da diese sonst kaum zugänglich sind, ist dies eine unverzichtbare Grundlage für die Forschung.

Aus Sicht der evangelischen Landeskirchen wandelte sich Bewertung der KAG. Zunächst wurden sie abwertend unter die „Sekten"[26] gerechnet, meist wurden sie als „Irvingianer" bezeichnet.[27] Kurt Hutten ordnete die KAG als „Sondergemeinschaft" ein und hob ihre ökumenische Gesinnung wie ihre Verbindung mit den anderen christlichen Kirchen hervor.[28] Das VELKD-Handbuch Religiöse Gemeinschaften behandelte die KAG in früheren Ausgaben[29] als unproblematisch, die neue Ausgabe behandelt sie nicht mehr.[30] Während die ältere Konfessionskunde[31] die KAG noch behandelte, tauchen sie in neueren Werken nur noch als Vorstufe anderer Apostolischer Gemeinschaften auf[32] – oder überhaupt nicht mehr.[33]

Die ältere Einschätzung der KAG als „Sekte" oder „Sondergemeinschaft" hat dazu geführt, dass sie in der allgemeinen kirchengeschichtlichen Literatur über das 19. Jahrhundert keine Beachtung gefunden haben. Durch ihren Rückzug aus der Öffentlichkeit hat sich dies im 20. Jahrhundert nicht grundlegend

---

wissenschaftlicher Sicht ist jedoch, dass die Schriften bearbeitet und in neuem Layout erfasst wurden, statt die Scans als Digitalisate verfügbar zu machen. Die Seitenzahlen entsprechen somit nicht mehr den Originalen.

[26] Der meist abwertend und ausgrenzend verwendete Begriff der „Sekte" für religiöse Minderheiten und Abspaltungen wird in der neueren Forschung und Konfessionskunde nicht mehr verwendet. Vgl. Dehm, Sekten.

[27] Für den Bereich Kurhessen-Waldeck vgl. Schluckebier, Sektenspiegel. Zur Bezeichnung „Irvingianer" vgl. unten den Exkurs am Ende von Abschnitt 3.1.

[28] Vgl. Hutten, Seher, S. 30-31.

[29] Vgl. Handbuch Religiöse Gemeinschaften, 3. Aufl. 1985, S. 187-196.

[30] Vgl. Handbuch Weltanschauungen 2015.

[31] Vgl. Algermissen, Konfessionskunde, S. 782-785. Algermissen urteilt freundlich: „Die Katholisch-apostolische Gemeinde stimmt mit der römisch-katholischen Kirche in allen fundamentalen Wahrheiten des christlichen Glaubens überein." Ebda., S. 784.

[32] Vgl. Oeldemann (Hg.), Konfessionskunde. Ebenso: Reimer, Apostolische Bewegung.

[33] So Ernesti, Konfessionkunde kompakt.

geändert. Auch in der 2004 erschienenen Geschichte der Freikirchen in Deutschland von Karl-Heinz Voigt werden die KAG
lediglich unter der Überschrift „Anfänge der Pfingstbewe-
gung" berücksichtigt.[34] Ähnliches gilt für die Geschichte der
Ökumene.[35]

Erst im 20. Jahrhundert entstand eine Reihe von Untersuchungen, die sich den KAG, ihrer Geschichte und Theologie widme-
ten und versuchten, eine unpolemische und fundierte Darstellung zu bieten. Die Arbeit Rowland A. Davenports erschien
zunächst 1970 in kleiner Auflage und wurde 1975 erneut veröffentlicht.[36] Davenport selbst war Geistlicher der Church of England, er schreibt mit Sympathie, jedoch ohne sich den Anspruch
der Gemeinden zueigen zu machen.[37] Sein Interesse liegt vor
allem darin, auf der Basis der Quellen ein umfassendes Bild von
Geschichte, Theologie und Praxis der KAG zu geben. Davenport schreibt für eine breitere Leserschaft, daher ist seine Arbeit
nicht streng nach wissenschaftlichen Kriterien angelegt, sondern von narrativem Stil geprägt, nicht immer bietet er Quel-
lenbelege für seine Darstellung.

Ergänzt und vertieft wurde Davenports Überblick durch die
Arbeit von Columba Flegg.[38] Durch seine familiären Verbindungen konnte er auf zahlreiches Material und auf Archive zu-
greifen, die Nichtmitgliedern nicht zugänglich waren. Gleichwohl nutzte er in seiner veröffentlichten Darstellung
ausschließlich Material, das publiziert war und somit auch Außenstehenden vorlag.[39] Nach einem Überblick über die

---

[34] Voigt bezeichnet die Gemeinschaft als „Irvingianer" und rezipiert nicht die
neuere Forschung. Vgl. Voigt, Freikirchen, S. 63-64.
[35] Vgl. Voigt, Ökumene.
[36] Davenport, Apostel.
[37] Vgl. Davenport, Apostel, S. 16.
[38] Flegg, Gathered.
[39] Dies korrespondiert mit seiner Zurückhaltung zu Aussagen zur Geschichte
der Gemeinden nach 1901. Offenbar handelt Flegg hier in Übereinstimmung

Geschichte der Gemeinden widmet er sich drei zentralen Aspekten der katholisch-apostolischen Theologie und Praxis: der Ekklesiologie, der Liturgie und der Eschatologie. Diese werden aus ihren originalen Quellen dargestellt. Flegg zieht zahlreiche Parallelen zwischen patristischen und orthodoxen Positionen zu den Ansichten der KAG. Am Ende beleuchtet er deren Theologie noch einmal gesondert aus dem Blickwinkel der Ostkirchen. Diese Sicht ist stark von der Biographie des Autors geprägt, der zur Orthodoxie konvertierte und dort zum Priester geweiht wurde.

Auf deutscher Seite haben neben einer konzisen Überblicksdarstellung von Helmut Obst[40] drei Dissertationen den Forschungsstand erheblich bereichert: Die Marburger Dissertation von Reiner-Friedemann Edel beschäftigte sich mit Heinrich W. J. Thiersch.[41] Neben der Darstellung seiner Theologie, insbesondere der Ekklesiologie und ihrer ökumenischen Dimension, stellt sie auch die Biographie Thierschs und seine Rolle innerhalb der KAG dar. Dazu bietet sie eine umfassende Bibliographie der Schriften Thierschs und im Anhang eine Reihe von Quellen zum Konflikt Thierschs mit der kurhessischen Landeskirche.

Eine weitere Marburger Dissertation legte Alfred Weber 1977 vor.[42] Weber konzentrierte sich auf eine Darstellung der Lehre mit besonderem Schwerpunkt auf Pneumatologie. Die bedeutsame katholisch-apostolische Eschatologie wird in der Arbeit nicht behandelt, da der Autor plante, ihr eine eigenständige Veröffentlichung zu widmen. Diese ist jedoch nicht erschienen.

---

mit einer Tendenz innerhalb der Gemeinden, die Forschung von Außenstehenden kritisch sieht, obwohl er dies reflektiert. Vgl. Flegg, Gathered, S. 27-28.
[40] Obst, Apostel. Hier S. 21-54.
[41] Edel, Weg.
[42] Weber, Gemeinden.

Von besonderer Bedeutung ist die Promotion Johannes Albrecht Schröters, die 1997 an der Universität Halle-Wittenberg entstanden ist.[43] Schröter stellte erstmals ausführlich die Geschichte der KAG in Deutschland dar, die auch den Konflikt um die Berufung neuer Apostel durch den Engelpropheten Heinrich Geyer 1863 beleuchtete. Der Autor arbeitete auf einer breiten Quellenbasis und fand Zugang zu Material, das bisher keinem Außenstehenden vorlag. In seiner Darstellung der einzelnen Gemeinden konzentrierte er sich jedoch auf Berlin und den Staat Preußen bis 1863. Da Kurhessen erst 1866 an Preußen angegliedert wurde, ist es nicht Teil seiner Untersuchung.[44] Wie Edel betonte auch Schröter stark den ökumenischen Charakter der KAG und neigte dazu, kontroverse Aspekte der katholisch-apostolischen Lehre wenig zu beachten.[45] Sein Ziel war auch, zur Verständigung unterschiedlicher apostolischer Gemeinschaften beizutragen.[46]

Die neueste Darstellung zur Geschichte und Theologie der KAG stammt von dem Londoner Kirchenhistoriker Tim Grass.[47] Da Grass nicht nur auf die bisher ausgewerteten, überwiegend offiziellen katholisch-apostolischen Quellen zurückgreift, sondern diese um zusätzliches Material wie private Aufzeichnungen, Briefwechsel u.ä. ergänzt, kommt ihm das Verdienst zu, die Geschichte der Gemeinden um wesentliche Dimensionen und Aspekte zu erweitern. Indem Grass auch widerständige Aspekte und neue Perspektiven der Sozial- und Geschlechtergeschichte in den Blick nimmt, gelangt er zu einem

---

[43] Schröter, Gemeinden.
[44] Informationen zur Gemeindegründung in Marburg und H. W. J. Thiersch finden sich ebda. im Eingangsteil S. 28-32 und im Anmerkungsteil S. 416-420.
[45] Vgl. Schröter, S. 256-263. Es ist nicht nur die eigene Struktur, Amtshierarchie und Sakramentsverwaltung der KAG zu nennen, sondern auch deren Anspruch, in den anderen Kirchen werde das Heil nicht vollgültig oder in rechter Zurüstung für die Zeit der Trübsal vermittelt.
[46] Vgl. Vorwort zur zweiten Auflage, Schröter, Gemeinden, S. 4. Dies ist auch durch seine öffentliche Vortragstätigkeit dokumentiert.
[47] Grass, Work.

ausgewogeneren Urteil als Schröter und Edel. Stärker als Flegg und Davenport berücksichtigt er die Bedeutung des deutschen Zweiges der KAG und dessen namhafter Vertreter Thiersch und Roßteuscher.[48]

---

[48] „[…] the apostles who led it were British; but by the end of the nineteenth century it was almost as much a German movement." Grass, Work, S. 2. Zu Roßteuscher und Thiersch s.u. Abschnitt 4.2.

III. Geschichte und Theologie der Katholisch-apostolischen Gemeinden

Die Entstehung der Katholisch-apostolischen Gemeinden

Für die Entstehung[49] der KAG sind drei Phasen von grundlegender Bedeutung, die nicht nur für historische Entwicklungsschritte in der Herausbildung ihrer Besonderheiten stehen, sondern auch für jeweils eines der Hauptmerkmale ihrer Theologie: 1. Die prophetischen Konferenzen von Albury in den Jahren 1826-1830, 2. Die Bildung von charismatisch geprägten Gemeinden in den Jahren 1830-1835, 3. Die „Aussonderung" der Apostel und die Gestaltwerdung der Katholisch-apostolischen Gemeinden bis zur Einführung der „Versiegelung" 1835-1847.

Die Albury-Konferenzen 1826-1830

Die Ereignisse der französischen Revolution und die nachfolgende Welle politischer Reformbestrebungen und sozialer Konflikte führten zu einem Aufleben apokalyptischer Vorstellungen und Interesse an den prophetischen Büchern der Bibel, insbesondere in England.[50] Aus einem Kreis überwiegend anglikanischer Evangelikaler mit einem Interesse für diese Fragen bildeten sich ab dem 1. Advent 1826 Konferenzen auf dem Landsitz des Bankiers und Unterhausabgeordneten Henry Drummond[51] in Albury Park in Surrey. Die selbstgesetzte Aufgabe der Konferenzen war das Studium der prophetischen Schriften der Bibel und die sich daraus ergebenden Pflichten für die Kirche.[52]

---

[49] Zur Geschichte der KAG liegen einige Darstellungen von Autoren der Gemeinden vor: Carlyle, Geschichte; Woodhouse, Erzählung; Roßteuscher, Aufbau; Born, Werk.

[50] Vgl. Bauckham, Chiliasmus, S. 742.

[51] Henry Drummond (1786-1860). Zur Biographie Drummonds vgl. Sgotzai, Verzeichnis, S. 40.

[52] Vgl. Davenport, Apostel, S. 44.

Die Konferenzen wurden bis zum Jahr 1830 jährlich abgehalten. Die Teilnehmerlisten variieren, nicht alle Teilnehmer nahmen an allen Konferenzen teil.[53] Den Vorsitz der Konferenzen führte der anglikanische Ortsgeistliche von Albury, Hugh McNeile. Die Ergebnisse des gemeinsamen Bibelstudiums wurden im Jahr 1829 wie folgt zusammengefasst:

1. „Die gegenwärtige christliche Haushaltung [Epoche] wird […] durch schwere Gerichte, die auf die Zerstörung des jetzigen Kirchen- und Staatswesens abzielen werden, in ähnlicher Weise endigen, wie vormals die jüdische Haushaltung.

2. Im Verlauf der auf die Christenheit herabtriefenden Gerichte werden die Juden ihrem Lande zurückgegeben und als Volk wiederhergestellt werden.

3. Die Gerichte aber beginnen bei dem Teile der Kirche, welcher bis dahin am meisten begünstigt war und darum auch der meist verantwortliche ist.

4. Auf die Gerichte wird eine Periode allgemeiner Glückseligkeit für das Menschengeschlecht, ja für alle irdische Kreatur folgen, die man kurz als das tausendjährige Reich bezeichnet.

5. Die Wiederkunft Christi geht dem tausendjährigen Reiche voraus oder tritt zum Beginn desselben ein.

6. Eine große prophetische Periode von 1260 Jahren[54], die unter der Regierung Justinians begann, ist zur Zeit der französischen Revolution abgelaufen; von da beginnen die Ereignisse, welche die Zukunft Christi unmittelbar einleiten und diese also in Bälde erwarten lassen.

---

[53] Vgl. Davenport, Apostel, S. 40-41. Es dominieren Anglikaner, aber auch Vertreter anderer Konfessionen sind beteiligt, darunter Presbyterianer, Independenten sowie ein Methodist und ein Herrnhuter. Roßteuscher spricht von ca. 50 Teilnehmern, darunter 30 Geistliche verschiedener Kirchen, die übrigen „gelehrte und teils hochgestellte Laien", Roßteuscher, Aufbau, S. 104.

[54] Diese Zahl wird abgeleitet aus den 1260 Tagen in Offb 12,6, das entspricht auch den 42 Wochen in Offb 13,5.

Es ist daher die Pflicht aller, die diese Überzeugungen teilen, der Welt die Wahrheit jener Hauptstücke nach Kräften eindringlich zu machen."[55]

Die Erkenntnisse der Konferenzen wurden in der Zeitschrift „The Morning Watch" publiziert, die von März 1829 bis Juli 1833 erschien.[56] Henry Drummond bearbeitete die Konferenzprotokolle und publizierte sie in drei Bänden.[57]

Das heilsgeschichtliche Modell der Konferenzen ist das des prämillenaristischen Dispensationalismus.[58] Es ist gekennzeichnet durch folgende Elemente: Die Geschichte der Welt ist in unterschiedliche Epochen oder Haushaltungen (dispensations) gegliedert. Zu diesen gehören die jüdische und die christliche Haushaltung. In jeder der Haushaltungen sind den Menschen Verantwortlichkeiten und Aufgaben übertragen. Da sie diese nicht erfüllen, erfolgt ein „Abfall" bzw. Verderben der Haushaltung, was göttliche Strafgerichte nach sich zieht, nach denen wiederum eine neue Ordnung oder Haushaltung folgt. Im Fall der jüdischen Haushaltung ist dies die Zerstörung Jerusalems, auf die die christliche Haushaltung folgt. Diese wiederum wird durch die Wiederkunft Christi und die folgende Aufrichtung des tausendjährigen Reiches (Offb 20,1-10) beendet. In den politischen und gesellschaftlichen Umbrüchen, die mit der französischen Revolution begannen, sehen die

---

[55] Roßteuscher, Aufbau, S. 106, ebenso Obst, Apostel, S. 25.

[56] Vgl. Roßteuscher, Aufbau, S. 116.

[57] Drummond, Dialogues.

[58] Vgl. Bauckham, Chiliasmus; Boyer, Chiliasmus; Geldbach, Dispensationalismus. Der Gedanke des heiligen Restes und seiner Errettung wird später zentral für die katholisch-apostolische Ekklesiologie und Eschatologie (vgl. unten Abschnitt 3.2.). Geldbach führt das Modell des prämillenaristischen Dispensationalismus wesentlich auf John Nelson Darby zurück. Jedoch ist zu berücksichtigen, dass Darby durch den Albury-Kreis beeinflusst war und seine prophetischen Konferenzen (Powerscourt Conferences) von 1831-1833 abhielt, also zeitlich nach den Albury-Konferenzen. Der Dispensationalismus in der Darby'schen Form verbreitete sich vor allem im nordamerikanischen Evangelikalismus.

Konferenzteilnehmer den Beginn dieses Gerichts, das in der Zerstörung der christlichen Ordnung gipfelt.[59] Der Abfall und das Verderben der Haushaltungen ist jedoch nicht vollkommen, sondern jeweils ein kleiner, heiliger Rest (remnant) der Menschen bleibt dem göttlichen Auftrag treu und wird errettet. Für das Ende der christlichen Haushaltung wird dies in der „Entrückung" (rapture) erwartet. In der Verbindung der christlichen mit der jüdischen Haushaltung (Pkt. 1) deutet sich auch bereits ein typologisches Schriftverständnis an.[60]

Die Bildung charismatisch geprägter Gemeinden 1830-1835

Der Albury-Kreis nahm auch das Gebet um eine erneute Ausgießung des Heiligen Geistes und die Wiedererweckung der Geistesgaben auf.[61] Als im Jahr 1830 Berichte von charismatischen Phänomenen im südwestlichen Schottland die Mitglieder der Konferenz erreichten, prüften sie diese durch Entsendung einer Delegation.[62] Die Phänomene umfassten ekstatische Zustände mit Visionen und Auditionen, Heilungen, Glossolalie (Zungenrede) und prophetische Äußerungen (Weissagungen). Dabei gaben die betroffenen Männer und Frauen an, keine Entscheidung darüber zu haben, was sie sprachen, sondern vollkommen „in der Kraft" des Heiligen Geistes zu sein, der durch sie spreche.[63] Bereits aus diesem Kontext wird berichtet, dass unter den „Weissagungen" wiederholt der Gebetsruf gehört

---

[59] Vgl. Grass, Work, S. 13.

[60] Zur Typologie siehe unten Abschnitt 3.1.3.

[61] Vgl. Obst, Apostel, S. 27, sowie Roßteuscher, Aufbau, S. 112f. Die Erwartung einer erneuten Ausgießung des Geistes war in endzeitlich orientierten Kreisen verbreitet und ging auf das Bild des „Spätregens" aus Joel 2-3 zurück. Vgl. Flegg, Gathered, S. 120, ebenso Roßteuscher, Aufbau, S. 113.

[62] Davenport, Apostel, S. 47.

[63] Vgl. Davenport, Apostel, S. 56, ebenso Grass, Work, S. 14. Roßteuscher räumt der Schilderung der schottischen charismatischen Phänomene breiten Raum ein. Vgl. Roßteuscher, Aufbau, S. 193-232.

worden sei: „Sende uns Apostel, sende Apostel, Apostel, die Braut zu bereiten!"[64]

Die Delegation war nach ihren Untersuchungen vom übernatürlichen Ursprung der Phänomene überzeugt. Von nun an rückte die Londoner Gemeinde Edward Irvings stärker in den Mittelpunkt der Entwicklung. Irving, geb. 1792 in Annan (Schottland) war ordinierter Geistlicher der presbyterianischen Kirche von Schottland, zunächst Assistent in Glasgow 1819-1822, danach Geistlicher in London. Irving war ein populärer Prediger und einer der Teilnehmer der Albury-Konferenzen. Er nahm das Thema der Geistesgaben in seiner Verkündigung auf. Sie traten ab dem 16. Oktober 1831 auch im sonntäglichen Gottesdienst seiner Gemeinde auf. Irving entschied sich dafür, diese Phänomene nicht zu unterdrücken, was ihn in Konflikt mit den Repräsentanten der Kirche von Schottland brachte. Seine Gemeinde musste die neu erbaute Kirche am Regent Square räumen und bezog einen Saal in der Newman Street.[65] In Albury trennte sich eine Gruppe um Drummond im Juli 1832 von der anglikanischen Kirche, nachdem der Ortspfarrer gegen die charismatischen Phänomene Stellung bezogen hatte. Die Gottesdienste wurden nun im Haus Drummonds ohne Pfarrer gehalten.[66]

In diesen Gruppen wurden die „Weissagungen" durch Frauen und Männer „in der Kraft" zu einem wichtigen Wegweiser in Fragen der Lehre und Praxis. Mit ihnen bildete sich ein eigenständiges prophetisches Amt.[67] Die Ablehnung der charismatischen Phänomene durch Repräsentanten der verfassten Kirchen forderte eine eigene Organisation.[68] Am 31. Oktober 1832 kam es zu einer prophetischen Berufung John Bate Cardales

---

[64] Roßteuscher, Aufbau, S. 211.
[65] Vgl. Obst, Apostel, S. 29.
[66] Vgl. Davenport, Apostel, S. 103f.
[67] Vgl. Grass, Work, S. 17.
[68] So wurden die verfassten Kirchen als „Babylon" oder „houses of iniquity" bezeichnet. Vgl. Grass, Work, S. 21 und 23.

zum Apostel durch Drummond, die wenige Tage später durch den Propheten Edward Oliver Taplin bestätigt wurde.[69] Am Heiligabend nahm Cardale eine erste apostolische Handlung vor, indem er William Caird zum Evangelisten ordinierte.[70] Zwei Tage später folgte die Ordination Drummonds zum Engel (Bischof)[71] der Gemeinde in Albury.[72] Mit diesen Akten begann der Aufbau einer eigenen kirchlichen Hierarchie.

Mit der Berufung der Apostel verschob sich der Schwerpunkt der Autorität vom Propheten- zum Apostelamt.[73] Damit veränderte sich auch das soziale Gefüge der Leitung der Gemeinden. Während die prophetischen Stimmen von Männern und Frauen[74] eher aus der Unter- und Mittelschicht kamen, waren die nun berufenen Apostel alle Angehörige der akademischen oder adlig-landbesitzenden Schicht.[75] Frauen konnten weiterhin weissagen, jedoch war ihnen der Zugang zu der sich bildenden Ämterhierarchie der Kirche versagt.

Auch Irving, der nach einer erfolgten Suspension durch die Kirche von Schottland[76] ohne Amt war, musste sein Amt neu aus den Händen der Apostel empfangen.[77] Er starb jedoch bereits

---

[69] Vgl. Grass, Work, S. 24. Drummond sprach Cardale mit den Worten an: „Convey the Holy Ghost for art thou not an Apostle?"

[70] Eine prophetische Berufung in dieses Amt hatte zuvor stattgefunden. Vgl. Davenport, Apostel, S. 112.

[71] Zum Engelamt s. u. Abschnitt 3.2.1.

[72] Der Impuls zu dieser Berufung entstand aus dem Wunsch des Kreises in Albury nach einer Feier des Hl. Abendmahls und der Notwendigkeit, ein priesterliches Amt dafür zu haben. Vgl. Obst, Apostel, S. 31 und Davenport, Apostel, S. 113.

[73] Vgl. Davenport, Apostel, S. 118. Die Autorität der Apostel über die Propheten wurde durch die charismatischen Gruppen im Südwesten Schottlands abgelehnt, in denen die Geistesgaben zuerst aufgetreten waren. Vgl. Grass, Work, S. 39.

[74] Vgl. Grass, Apostel, S. 33f.

[75] Vgl. Davenport, Apostel, S. 131. Vier von ihnen waren zuvor Geistliche in der anglikanischen bzw. presbyterianischen Kirche, acht waren Laien.

[76] Der Grund lag nicht ausschließlich in seiner Verbindung mit den charismatischen Kreisen, sondern in christologischen Ansichten über die Natur Christi, die Irving vertrat. Vgl. Roßteuscher, Aufbau, S. 180-184.

[77] Vgl. Grass, Work, S. 25; ebenso Obst, Apostel, S. 31.

am 8. Dezember 1834. Zu diesem Zeitpunkt waren neben Cardale fünf weitere Männer zu Aposteln berufen worden: Henry Drummond, Henry John King-Church (1785-1865), Spencer Perceval (1795-1859), Nicholas Armstrong (1801-1879) und Francis Valentine Woodhouse (1805-1901). Ihnen folgten im Jahr 1835 sechs weitere Männer[78]: John Owen Tudor (1784-1861), Henry Dalton (1805-1869), Thomas Carlyle (1803-1855), Francis Sitwell (1797-1864), William Dow (1800-1855) und David Dow (1798-1878).[79]

In den Jahren zwischen 1831 und 1835 entstanden neben der Gemeinde Irvings und der Gruppe um Drummond in Albury weitere Gemeinden. Offenbar bestand auf der Seite Irvings die Erwartung, die neu entstehenden Gemeinden würden seiner Gemeinde in Newman Street unterstellt, aber dies war nicht der Fall.[80] Bis zum Juli 1835 gab es in London sieben Gemeinden, daneben bestanden Gemeinden oder Versammlungen in zwanzig anderen Orten Großbritanniens und Irlands.[81] Gemeinden außerhalb des Vereinigten Königreiches gab es bislang nicht, jedoch entstand später ein Kontakt mit der Erweckungsbewegung um den römisch-katholischen Geistlichen J. E. G. Lutz im bayerischen Karlshuld, die sich dort etwa zeitgleich ab 1828 ereignet hatte.[82]

Die sieben Gemeinden in London hatten eine herausgehobene Stellung: Sie bildeten die sieben Gemeinden der Johannesoffenbarung ab (Offb 2-3), ebenso den siebenarmigen Leuchter der alttestamentlichen Stiftshütte und galten als Repräsentanten

---

[78] Die Berufungen erfolgten offenbar alle durch den Propheten Taplin. Vgl. Davenport, Apostel, S. 127.

[79] Apostel David Dow trat sein Apostelamt nicht an, sodass an seiner Stelle Duncan McKenzie (1785-1855) per Los zum Apostel bestimmt wurde. Man folgte mit diesem Vorgehen dem Beispiel der ersten Apostel bei der Nachwahl des Matthias für Judas. Vgl. Apg 1, 15-26.

[80] Vgl. Grass, Work, S. 28. Ebenso Davenport, Apostel, S. 121-123.

[81] Vgl. Grass, Work, S. 29.

[82] Vgl. Grass, Work, S. 31. Zur katholischen Erweckung unter Pfarrer Johann Ev. Georg Lutz vgl. Scholler, Pfarrer Lutz. Ebenso: Pickel, Joh. Ev. Georg Lutz. Die Erweckung entstand dort ab ca

der Gesamtkirche. Die monatliche Ratsversammlung der Geistlichen der Londoner Gemeinden wurde – neben dem Apostel-
kollegium – zum wichtigsten Entscheidungsgremium für alle
Gemeinden. Sie wurde als „Council of Zion" bezeichnet und
galt als Generalkonzil der Allgemeinen Kirche.[83]

Für die innere Organisation wurden Männer als Älteste (el-
ders), Gehilfen (helpers), Propheten, Diakone und Evangelisten
beauftragt. Zunächst scheinen diese Beauftragungen in einer an
die presbyterianische Kirchenordnung angelehnten Weise vollzogen und verstanden worden zu sein. Vor allem der Status der
Ältesten entwickelte sich im Laufe der Jahre von dem eines Ge-
meindevorstehers mit Ordnungsfunktionen hin zu dem eines
Geistlichen mit priesterlichen Aufgaben unter der Aufsicht eines Engels.[84] Mit den ersten Ordinationshandlungen durch
Apostel Cardale im Dezember 1832 setzte sich die Vorstellung
durch, dass die genannten Ämter durch apostolische Ordination gespendet werden mussten. Über die genaue Struktur der
Gemeinden und Praxis der Ämterübergabe vor der „Aussonderung der Apostel" liegen jedoch nur spärliche und lücken-
hafte Informationen vor.[85]

Von der „Aussonderung der Apostel" bis zur Einführung der
Versiegelung 1835-1847

Ihre endgültige Gestalt gewannen die Gemeinden in der kommenden Periode, die mit der „Aussonderung der Apostel" (se-
paration of the Apostles) am 14. Juli 1835 begann.[86] Die zwölf
Apostel sollten sich gemeinsam mit sieben Propheten nach Albury zurückziehen, um sich dem Schriftstudium zu widmen,

---

[83] Vgl. Grass, Work, S. 36. Auch Davenport, Apostel, S. 146.
[84] Vgl. Davenport, Apostel, S. 119.
[85] Vgl. Grass, Work, S. 32.
[86] Vorbild war die „Aussonderung" der Apostel Paulus und Barnabas in der
Gemeinde zu Antiochien, vgl. Apg 13, 1-4.

„to set up the ‚perfect pattern' of church order and worship".[87]
Die Dauer dieser Zeit wurde auf ein Jahr festgesetzt.

Gleich zu Beginn der Beratungen wurde die Beschäftigung mit Ex 25 als Thema bestimmt. Im mosaischen Zeremonialgesetz, dem Aufbau und der Ausstattung der Stiftshütte erkannten die Apostel das grundlegende Muster für den Aufbau und die Organisation der Kirche ihrer Zeit.[88] Sie „empfingen viel Licht über die prophetischen Teile der Schrift, ganz besonders aber über die Zeremonialgesetze durch Mose. […] Die Kinder Israel in der Wüste sind ein Vorbild der Kirche in der jetzigen Haushaltung. Der ganze Bau der Stiftshütte […] alles hat direkte Beziehung auf die christliche Kirche und deutet auf den göttlichen Weg zu ihrer Vollendung. In allem ist die Einrichtung der Kirche Gottes, ihre Form, ihr Kultus […] genau und deutlich vorgebildet."[89] Die typologische Methode[90] wurde das Motiv, das die gesamte Theologie und Schriftauslegung der KAG durchzieht. Sie entwickelte sich in der Literatur zu einem eigenen Genre.[91]

In der Zeit der „Aussonderung" begann auch die wöchentliche Feier der Eucharistie, die von allen Gemeinden übernommen wurde.[92] Die Lehre vom vierfachen Amt wurde konkretisiert und ausformuliert. Die Ämter wurden unterschieden in die Ämter der allgemeinen und der lokalen (partikularen) Kirche.[93]

---

[87] Frances W. Woodhouse, hier zitiert nach Grass, Work, S. 43.

[88] Vgl. Grass, Work, S. 44.

[89] F. W. Woodhouse, Erzählung, S. 93f. Dazu auch Roßteuscher, Aufbau, S. 416-419.

[90] Die Methode basiert auf der Herstellung eines Sinnzusammenhangs zwischen einem Modell und seinem Abbild (wobei das gr. τύπος für beide stehen kann), im Kontext der Schriftauslegung insbesondere zwischen dem Alten und dem Neuen Testament. Vgl. Ostermeyer, Typologie.

[91] Vgl. Carlyle, Stiftshütte; ebenso: Carlyle, Gottesdienst. Flegg merkt an, dass das typologische Verfahren so ausgeprägt angewandt wurde, dass es mitunter den Charakter eines „Codes" für Eingeweihte annahm. Vgl. Flegg, Gathered, S. 207-208.

[92] Vgl. Davenport, Apostel, S. 146.

[93] Vgl. Davenport, Apostel S. 141ff.

Das Amt der Apostel erstreckte sich nicht nur über die unter ihnen versammelten Gemeinden, sondern erhob den Anspruch auf geistliche Jurisdiktion über die gesamte Christenheit.[94] Dies manifestierte sich in zwei Akten:

Zunächst wurde die Christenheit in zwölf Stämme aufgeteilt, die je einem der Apostel zugewiesen wurden.[95] Die Aufteilung ging dabei nicht streng nach politischen oder geographischen Grenzen vor, sondern orientierte sich an gewachsenen Mentalitäten und ethnischen Charakteristika. So wurden die reformierte Schweiz und Schottland als Stamm Benjamin dem Apostel Drummond zugewiesen. Das protestantisch geprägte Preußen mit Norddeutschland wurde als Stamm Simeon Apostel Carlyle unterstellt, das eher katholisch dominierte Süddeutschland gemeinsam mit Österreich als Stamm Ruben dem Apostel Woodhouse. Da die Apostel ihre Sendung als Sendung an die Christenheit verstanden, konzentrierten sie sich auf Europa und Nordamerika. Sie berücksichtigten außereuropäische Regionen kaum, weil diese keine christlichen Staatswesen aufwiesen.[96]

Die Apostel sollten in ihren Stämmen Zeugnis ablegen für das von Gott unter ihnen begonnene Werk und damit die Sammlung von „Erstlingen" für die erwartete Wiederkunft Jesu beginnen.[97] Dazu wurde eine Zeugnisschrift verfasst, um sie an die politischen und geistlichen Führer zu übergeben. Die Zeugnisschriften (testimonies) sind in verschiedenen Fassungen entstanden, folgen aber alle einem gleichen Grundmuster: Auf eine ausführliche Darstellung des gegenwärtigen Zustands und Verfalls in Kirche und Gesellschaft stellen sie Gottes Plan für die Menschheit und die Kirche dar und erklären, dass durch die Wiederherstellung des Apostolats Gottes Wille sich erfüllt. Die

---

[94] Vgl. Davenport, Apostel, S. 143.
[95] Die Einteilung in 12 Stämme folgt dabei Offb 7 sowie den Stammtafeln in Gen 49 und Dtn 33.
[96] Vgl. Roßteuscher, Aufbau, S. 481.
[97] Vgl. Roßteuscher, Aufbau, S. 485.

Testimonien schließen mit einem dringenden Aufruf, dieses Werk Gottes anzunehmen und damit Schutz vor dem kommenden Gericht zu finden.[98] Die erste Fassung des Testimoniums wurde im Jahr 1835 erstellt und richtete sich an die Bischöfe und Geistlichen der Kirche von England.[99] Die nächste, erweiterte Fassung aus dem Jahr 1837 war adressiert: „Den Patriarchen, Erzbischöfen, Bischöfen, und andern Vorstehern in der Kirche Christi in allen Landen, den Kaisern, Königen, Fürsten und andern Regenten der Nationen der Getauften."[100]

Die ersten Empfänger dieses „Großen Testimoniums" waren der Papst, der Kaiser von Österreich und der französische König. In ihnen sah man die Repräsentanten dreier Formen von gegenwärtig geübter Herrschaft: der Theokratie, der Autokratie und eines demokratisch entstellten Wahlkönigtums.[101] Nach der Übergabe an diese wurde es weiteren Königen und Bischöfen übermittelt.[102]

Die zweite Aufgabe der Apostel war, die ihnen zugeordneten Länder kennenzulernen: Zunächst sollten sie sich „als Beobachter und Lernende, nicht als Lehrer und Ordner der Kirche [...] verhalten. [...] Sie müßten, wie es hieß, das Gold der Wahrheit aus der ganzen Christenheit aufsuchen und zusammenbringen [...] Nichts, was irgendwie von Gott ist, sollten sie beiseite setzen, vielmehr alles zu ihrem Werke verwenden und an seine rechte Stelle im Hause und Dienste des HErrn bringen."[103]

---

[98] Vgl. Grass, Work, S. 45. Mit diesem Aufruf erfüllte das Testimonium zugleich noch einen weiteren Zweck: Indem die Empfänger vor die Wahl gestellt wurden, die Führung der Apostel anzunehmen oder abzulehnen, ermöglichten sie diesen – im Falle einer Ablehnung – die Führer der anderen christlichen Konfessionen als Abgefallene zu betrachten. Vgl. Testimonium, S. 157.
[99] Vgl. Grass, Work, S. 46.
[100] Testimonium, S. 3.
[101] Vgl. Grass, Work, S. 49.
[102] Vgl. Grass, Work. S. 50.
[103] Vgl. Roßteuscher, Aufbau, S. 484.

Hier wird neben dem universalen Anspruch des Apostelamtes zugleich auch dessen ökumenischer Gedanke sichtbar: Das Werk der Einheit, zu dem sie sich berufen sehen, schließt die Sammlung und Darstellung der Wahrheit aus allen Zweigen der Christenheit ein. Alle Traditionen der Christenheit konnten ihr „Gold" in das Leben und die Liturgie der neuen, unter den Aposteln gesammelten Gemeinden, einbringen.

Ab 1836 begannen die Apostel mit Reisen in die ihnen zugewiesenen Länder. Durch den nun folgenden Prozess des Austauschs und des Lernens entwickelte sich der „katholische"[104] Charakter und das Selbstverständnis der Gemeinden.[105] Die negative Rhetorik gegenüber bestehenden Kirchen wurde gemildert.[106] Ein Ergebnis dieses ökumenischen Lernprozesses ist die von den Aposteln herausgegebene Liturgie, die auf anglikanischen, römisch-katholischen und orthodoxen Vorlagen beruht.[107] Sie wurde am 28. Juli 1842 zugleich mit dem Gebrauch liturgischer Gewänder in Albury eingeführt, danach sukzessive in den Gemeinden in London und England.[108] Dies führte zu Spannungen mit Gemeinden und Gemeindegliedern mit nichtanglikanischem und nonkonformistischem Hintergrund.[109]

---

[104] „Katholisch" im Sinne des gr. καθόλον, wörtl. „auf das Ganze bezogen", allgemein, allumfassend.

[105] Die Gemeinden bezeichneten sich zunächst als Gemeinden „unter den Aposteln" oder „unter Aposteln versammelte Gemeinden". Hinzu kam ihr Anspruch, ein Modell für die allgemeine („katholische") Kirche zu sein. Der offizielle Name „Katholisch-apostolische Gemeinde" wurde jedoch erst ab 1849 gebraucht, etwa zur Nutzung an Gebäuden. Vgl. Grass, Work, S. 53.

[106] Vgl. Grass, Work, S. 52f.

[107] In Deutschland erschienen zwei unterschiedliche Übersetzungen der Liturgie für Norddeutschland und Süddeutschland. Die norddeutsche Fassung veröffentlicht unter: Die Liturgie sowie die anderen Gottesdienste der Kirche, o.J., Verlag und Versand Hermann Meier Nachf., die süddeutsche Fassung ist in elf Heften online abrufbar unter Apostolic Documents lit_01 bis lit_011.

[108] Maßgeblicher Autor der Liturgie war Cardale. Vgl. Grass, Work. S. 61. Siehe ebenso seine ausführlichen Vorlesungen über die Liturgie: Cardale, Readings. Zu den Gewändern: Roßteuscher, Anweisung.

[109] Vgl. Grass, Work, S. 62.

Der letzte Baustein für die Endgestalt der Gemeinden war die Einführung der „apostolischen Handauflegung" resp. „Versiegelung". Der Ritus erfüllte eine mehrfache Funktion: Zum einen diente er der Darstellung derer, die durch ihre Annahme des Werkes und ihre Anerkennung der Apostel als Teil der „Erstlinge" und der 144.000 der Johannesoffenbarung (Offb 14,1) hinzugefügt wurden.[110] Die „Versiegelung" wurde als sakramentaler Akt zur Spendung der vollen Gnade des Heiligen Geistes verstanden.[111] Sie wurde an Erwachsenen im Alter von 20 Jahren durch die Apostel gespendet. Damit wurde die Geistesgabe, die sich bislang vorwiegend spontan durch die Stimmen der Propheten und Prophetinnen im Leben der Gemeinden geäußert hatte, in einer liturgischen Handlung unter Aufsicht der Apostel liturgisch manifest.[112] Die ersten Versiegelungen wurden am 31. Mai 1847 gespendet, danach verbreitete sich der Ritus in die Gebiete der „Stämme". Mit seiner

---

[110] Anzumerken ist jedoch, dass nicht alle, die die apostolische Handauflegung empfingen, Mitglieder einer Gemeinde wurden. Dies war nur dann der Fall, wenn eine Ortsgemeinde bestand und sie erreichbar war. Konnte keine dauerhafte Seelsorge gewährleistet werden, riet man den Versiegelten, sich weiterhin an ihre örtliche Kirchengemeinde zu halten. Auch Geistliche anderer Kirchen konnten so die Handauflegung empfangen, aber im Dienst ihrer jeweiligen Kirchen verbleiben (sofern sie nicht von diesen suspendiert wurden). Ebenso wurden nicht alle Glieder von KAG durch die apostolische Handlauflegung versiegelt. Die Unterlagen der Gemeinden zeigen eine sehr unterschiedliche Tätigkeit der Apostel. Für Polen lassen sich keine Versiegelungen nachweisen. Vgl. die Übersicht bei Grass, Work, S. 84-85. Grass errechnet für die Jahre 1847-1900 eine Gesamtzahl von ca. 132.000 Versiegelungen, davon ein großer Teil in Preußen und Norddeutschland (allein zwischen 1875 und 1900 30.580).

[111] Vgl. dazu den Katechismus: „Es ist ein Sakrament oder eine heilige Handlung, worin denen, welche getauft und zu reifem Alter gelangt sind, die Gabe des Heiligen Geistes, des Trösters ausgespendet wird. [...] Sie werden gestärkt und gekräftigt, gesalbt und versiegelt, und der Heilige Geist teilt darinnen Seine Gaben aus, einem jeglichen besonders, wie Er will." Katechismus (enthalten in Liturgie), S. XIII. Eine ausführliche Erklärung der Handauflegung: John Bate Cardale, Handauflegung.

[112] Vgl. Grass, Work, S. 67. Prophetische Äußerungen in den Gottesdiensten kamen jedoch weiterhin vor. Auch die Berufungen von Amtsträgern erfolgten weiterhin durch die Propheten.

Einführung war die Herausbildung der grundlegenden Elemente der KAG abgeschlossen. In dieser Form setzten sie ihre Expansion fort und gründeten auch in Deutschland ihre ersten Gemeinden.

Exkurs: „Irvingianer"?

Bereits an dieser knappen Übersicht wird deutlich, dass Edward Irving zwar Teil einer Bewegung hin zur Bildung von KAG war, jedoch keinesfalls als ihr *spiritus rector* angesehen werden kann. Als Teilnehmer der Albury-Konferenzen war er Teil einer Gruppe, die ihre Organisation und Leitung anderen verdankte. Die Rolle Henry Drummonds in dieser Phase ist höher zu bewerten als die Edward Irvings. Als leitender Geistlicher der Gemeinde am Regent Square und später in der Newman Street erlangte er Bekanntheit und Popularität, die er durch seine publizistische Tätigkeit als Autor der Zeitschrift „The Morning Watch" ausbaute. Er nahm die aus Schottland kommenden und die Gemeinde erfassenden charismatischen Phänomene auf, war aber nicht deren Initiator. Da in der öffentlichen Wahrnehmung die Phänomene mit der Gemeinde Irvings assoziiert wurden, mag es zur Identifikation der gesamten Bewegung mit seinem Namen gekommen sein. In dieser Phase kam aber den prophetischen Stimmen, allen voran der Edward Oliver Taplins, besonderes Gewicht zu. Mit der Berufung der ersten Apostel verschob sich das Zentrum der Autorität von den Propheten zu den Aposteln. Eine Berufung Irvings ins Apostelamt erfolgte nicht. Am weiteren Aufbau und der Gestaltung der KAG durch die Apostel, insbesondere an den richtungweisenden Beschlüssen des Jahres der „Aussonderung", war er aufgrund seines frühen Todes nicht mehr beteiligt. Sein Tod stellte für die Hierarchie der Gemeinden keinen nennenswerten Einschnitt oder eine Bedrohung dar. Dass man der Bewegung den Namen „Irvingianer" von außen beilegte, entsprach mithin weder deren Selbstverständnis noch den sachlichen Gegebenheiten.[113]

Die Theologie der Katholisch-apostolischen Gemeinden

Ekklesiologie

Die KAG vertreten eine weite, auf der Taufe basierende Ekklesiologie: Die Kirche ist die Gemeinschaft aller Getauften, die durch ihre Taufe von allen anderen Menschen „gesondert" sind.[114] Sie bilden einen Leib und gehören zum Volk des neuen Bundes und damit zum geistlichen Israel.[115] Von der Kirche als Gemeinschaft von Individuen unterschieden ist die Christenheit als „Gemeinschaft derjenigen Nationen, die, als Völker sich zum Glauben der Kirche Christi bekennen".[116]

Diese weite Definition der Kirche wird kontrastiert durch eine pointierte Depravationstheorie.[117] Die Kirche in ihrem gegenwärtigen Zustand ist „verstümmelt"[118], es findet in ihr „keine vollständige Gnadenertheilung statt".[119] Der Grund für die Schwäche der Kirche liegt vor allem in ihren Spaltungen: Die Kirche, die sich zu Beginn ihrer Geschichte durch Einigkeit auszeichnete, ist nun zerrissen, voll Haß, Zwietracht, Uneinigkeit, Härte und rechthaberischen Wesens.[120] Die Spaltungen in unterschiedliche Kirchenabteilungen sind eine Folge des Ungehorsams bereits in der frühesten Zeit, da „wie einst unter Israel

---

[113] Vgl. Obst, Apostel, S. 32. Die Bezeichnung wird in dieser Arbeit nur dann verwendet, wenn sie in den Quellen vorkommt und dann in Anführungszeichen gesetzt.

[114] Testimonium, S. 3. Vgl. Auch Dow, Brüder; sowie Dow, Einheit.

[115] Böhm, Schatten,S. 29.

[116] Testimonium. S. 4.

[117] Vgl. Nemec, Geschichtsdarstellung, S. 41. Zur Ekklesiologie in Verbindung mit dem Geschichtsverständnis vgl. auch Carlyle, Kirche.

[118] Testimonium, S. 81.

[119] Testimonium, S. 83.

[120] Vgl. Böhm, Schatten, S. 30.

in der Wüste, so auch frühzeitig in der Kirche sich die Keime der Sünde und des Abfalls zeigten, wodurch Gott genötigt wurde, seine Kinder mit Züchtigungen heimzusuchen."[121] Schon die ersten Apostel wurden „Zeugen des kommenden Abfalls [...] und entschliefen warnend und weissagend von den gefährlichen Zeiten, denen die Kirche Gottes entgegenging."[122] Der aufkeimende Ungehorsam gegen die apostolische Leitung und Abwendung von der apostolischen Lehre führte dazu, dass die Parusie nicht – wie erwartet – zu Lebzeiten der Apostel stattfand.[123] Der Ungehorsam war auch der Grund, „warum Gott seine Kirche nicht im Besitz aller der Ämter und Gaben erhielt, wodurch sie im apostolischen Zeitalter so mächtig ausgerüstet war [...]"[124] Damit hatte die Kirche des apostolischen Zeitalters ihren Zweck nicht erreicht.[125] Ihr Verfall setzte sich in nachapostolischer Zeit fort. Nach dem Apostelamt verschwand das Amt der Propheten, dadurch nahmen Irrtum und Irrlehre zu. Die Kirche hätte an diesem Punkt nach der Erhaltung oder Wiederherstellung des Apostelamtes streben müssen. Stattdessen ersetzte sie diese göttliche Ordnung durch menschliche Ordnungen[126] und gab sich mit der Leitung der Kirche durch Patriarchen, Bischöfe und Presbyter zufrieden.[127] Deren fehlende göttliche Legitimation wurde durch die „Anrufung des weltlichen Armes"[128] oder durch die „Gewaltanmaßung eines einzigen Bischofs über seine Mitbischöfe"[129] kompensiert. Zwar seien trotz dieser Einschränkungen „eine Menge von Menschen wiedergeboren worden" aber „es waren immer nur wenige unter der Menge; denn der heilige Leib, der er im Anfange war, die Masse der Gläubigen, ist nicht zur Vollkommenheit

---

[121] Böhm, Schatten, S. 35.
[122] Böhm, Schatten, S. 35.
[123] Vgl. Böhm, Schatten, S. 39.
[124] Böhm, Schatten, S. 41.
[125] Vgl. Testimonium, S. 65.
[126] Vgl. Böhm. Schatten, S. 43.
[127] Vgl. Testimonium, S. 73.
[128] Testimonium, S. 73.
[129] Testimonium, S. 74.

fortgeschritten."[130] Der Verfallsprozess der Kirche sei jedoch noch nicht an sein Ende gekommen. Die Gesamtheit der Kirche geht auf das Gericht zu. Wie im Volk Israel werde auch in der Kirche ein heiliger Rest, ein Überbleibsel gerettet werden: „[…] so ist doch die jetzige Christenheit wie der Mutterleib, woraus die neue und zukünftige Haushaltung Gottes hervorgehen soll; in ihr hat Gott seinen treuen Überrest, in dessen Mitte Er seinen gnädigen Ratschluß ausführen wird."[131]

Die richtige Gestalt der Kirche, zu der sie zurückkehren muss, lässt sich einerseits aus den Ordnungen der Stiftshütte ablesen, andererseits aus der Ämterordnung des Neuen Testaments.[132] Die Kirche ist das „geistliche Israel"[133], sie bildet daher in ihren Strukturen und Ämtern sowohl der universalen Kirche wie auch der Einzelgemeinden, die Stiftshütte ab.[134]

Die KAG behielten das altkirchliche dreistufige Amt von Bischöfen (Engeln), Priestern und Diakonen bei. Es wurde erweitert um die Apostel als Leiter der allgemeinen Kirche. Der Diakonat wurde als ständige Einrichtung wiederbelebt. Das Bischofsamt wurde als Engelamt[135] im Sinne eines Gemeindebischofs verstanden. Die Engel standen einer jeweiligen Ortsgemeinde und ggf. Zweiggemeinden (sog. „Horngemeinden" nach den Hörnern des Altars, Ex 37, 25-26) und weiteren Filialgemeinden vor, hatten aber keinerlei Aufsicht oder Jurisdiktion über größere Regionen in der allgemeinen Kirche.[136] Diese war den Aposteln in ihrem jeweiligen Stammesgebiet übertragen.

---

[130] Testimonium, S. 87.
[131] Böhm, Schatten, S. 65.
[132] Zur Ämterordnung vgl. Albrecht, Abhandlungen. Zur Gestalt der Kirche allgemein vgl. Drummond, Kirche.
[133] Böhm, Schatten, S. 29.
[134] Vgl. Flegg, Gathered, S. 115-116. Vgl. auch Woodhouse, Belehrung.
[135] Die Bezeichnung des Bischofs als „Engel" leitet sich aus den sieben Sendschreiben der Johannesoffenbarung ab. Vgl. Offb 2-3.
[136] Vgl. Testimonium, S. 51.

Frauen konnten in das Amt der Diakonisse berufen werden.[137] Die Berufungen erfolgten durch Propheten, die Ordinationen der Diakone, Priester und Engel konnten nur durch Apostel erfolgen.

Die Dreistufigkeit des Amtes wurde ergänzt durch die Lehre von den Amtsklassen oder Amtscharakteren: Diese basiert wesentlich auf Eph 4,11 und 1Kor 12,28. Sie galt als vollkommen:

> „Nicht nur waren die Gaben vollkommen, die von oben kamen, indem Er, der über alle Himmel hinaufgefahren ist, Apostel, Propheten, Evangelisten, Hirten und Lehrer zur Erbauung und Vollendung seiner Gemeinde gab, sondern das durch Gott in den Menschen damals schon Erreichte, die tatsächlich im Anfang gegründete und aus lebendigen Menschen bestehende Kirche bietet uns auch ein Bild der Vollkommenheit dar, wie wir es in ihrer ganzen späteren Geschichte nicht wieder finden."[138]

Die vier Amtsklassen sind zu einem je „besonderen Werk"[139] bestimmt und tragen ihren eigenen Amtscharakter:[140]

> „Sie wurden von Gott eingesetzt, weil sie gerade für diese Zwecke geeignet, oder vielmehr die nothwendigen und daher von Ewigkeit her bestimmten Organe sind, wodurch jene göttliche Güte und jene Segnungen, als von selbst, Weg und Mittel finden sich zu äußern und dem Menschen zuzufließen."[141]

---

[137] Vgl. Liturgie S. 347. Diakonissen und Unterdiakone gehörten zu den Ämtern niederer Ordnung, die von Laien ausgeübt wurden. Zu diesen gehörten auch Türhüter, Akolyten, Chorsänger, und Laienhelfer. Die Einsetzung in diese Ämter erfolgte durch den Engel der Gemeinde.
[138] Böhm, Schatten, S. 24-25.
[139] Testimonium S. 37.
[140] Vgl. Testimonium S. 38.
[141] Testimonium, S. 39.

Die Entfaltung des Amtes geschah auf der Ebene der Ortsgemeinde durch drei Amtsstufen und die vier Amtscharaktere.[142] Auf jeder Amtsstufe wirkten Amtsträger der gleichen Stufe mit unterschiedlichen Aufgabenbereichen. Zudem galt in Analogie des siebenarmigen Leuchters das Prinzip, das zu einer vollkommenen Ämtergruppe einer Gemeinde neben dem Engel (der für den mittleren Arm des Leuchters stand) jeweils sechs Älteste (Priester), sechs Propheten, sechs Evangelisten und sechs Hirten[143] im Priesterrang dienten, dazu sieben Diakone und weitere Unterdiakone. Jedem der bischöflichen, priesterlichen und diakonalen Amtsträger konnte zudem noch ein Gehilfe beigeordnet werden. Die sich theoretisch ergebende Vollzahl an ordinierten Amtsträgern einer Gemeinde konnte noch nicht einmal in sehr großen Gemeinden erreicht werden.[144]

Auf der Ebene der allgemeinen Kirche konnten durch die Apostel Koadjutoren berufen werden, die apostolische Handlungen selbständig im ständigen Auftrag ausführten. Mit dem Tod eines Apostels erloschen ihre Ämter. Daneben wurden aus dem Engelrang je ein Hirte, Prophet und Evangelist „mit dem Apostel" berufen, daneben Archidiakone für Verwaltungsaufgaben und bis zu fünf weitere Engel-Evangelisten als Bezirksevangelisten. Sie waren Erzengel kraft ihres Amtes.

Erst durch die Ausübung aller Ämter ist die Kirche apostolisch.[145] Ohne sie werde Gottes Güte verdunkelt und seine

---

[142] Zur Charakteristik der einzelnen Ämterklassen vgl. Testimonium, S. 43-48.
[143] Hirten und Lehrer wurden als eine Amtsklasse verstanden.
[144] Vgl. Grass, Work, S. 154. Die hohe Zahl an Geistlichen hatte zur Folge, dass viele aktive männliche Gemeindeglieder eine Aussicht hatten, in ein Amt berufen zu werden. Grass geht davon aus, dass dies auch die Propheten mit der Erwartung konfrontierte, Berufungen auszusprechen.
[145] Testimonium, S. 61.

Segnungen aufgehalten[146], mehr noch: die Kirche kann ohne sie den ihr von Gott vorgezeichneten „Zweck" nicht erfüllen.[147]

Eschatologie

Die katholisch-apostolische Theologie teilt die Geschichte der christlichen Haushaltung in sieben Phasen[148] ein, die durch die Gemeinden der Sieben Sendschreiben der Johannesoffenbarung (Offb 2-3) charakterisiert werden. Die Kirche lebt in der vorletzten Phase (Philadelphia), die durch die Wiederaufrichtung des Apostelamts gekennzeichnet ist. Auf sie folgt das Zeitalter von Laodicea, in dem die Gegner der wiederhergestellten Ordnungen verworfen werden und die große Trübsal über die Christenheit hereinbricht.

Den Beginn dieses Zeitalters der Trübsal und des Gerichts deutet sich in der Französischen Revolution und den nachfolgenden politischen und gesellschaftlichen Konflikten an.

Symptome des Gerichts sind der gegenwärtige Abfall von den göttlichen Ordnungen, die Vergötterung des Menschen anstelle Gottes[149] und „die Lehre von der Volkssouveränität, von der Menschheit und dem Volkswillen als Quelle aller Macht und aller Autorität, als Basis aller sozialen und politischen Einrichtungen unter den Menschen."[150] Diese Grundsätze des „Antichristentums" hätten sich bis in die Volksmassen

---

[146] Testimonium, S. 39.

[147] Der Zweck der Kirche ist die Errettung und Bereitung der Erstlinge. Die Kirche soll durch die Ämter und ihre Wirksamkeit als eine „reine Jungfrau zur Hochzeit des Lammes bereitet" werden. Testimonium, S. 42. Diesem Zweck dienen auch die Sakramente (Taufe und Abendmahl). Sie sind „nicht bloße Erinnerungsmittel anderweitig oder nebenher erlangter, oder unsichtbar genossener Segnungen, sondern sie sind die gegenwärtige Verrichtung Christi mitten unter seiner Gemeine, und bewirken das was sie andeuten." (Testimonium, S. 32-33). Die Sakramente können nur durch die verwaltet werden, welche dazu die Vollmacht erhalten haben.

[148] Vgl. Sitwell, Licht.

[149] Vgl. Böhm, S. 169.

[150] Böhm, S. 170.

ausgebreitet.[151] Von ihnen werden auch die christlichen Institutionen durchdrungen.[152] Dieser Prozess wird als Gericht Gottes verstanden, die (abgefallene) Kirche wird mit Babel identifiziert: „Das Gericht über Babel ist das gerechte Gericht Gottes über die alten staatlichen und kirchlichen Einrichtungen der Christenheit."[153]

Innerhalb der Kirche gibt es aber einen kleinen, heiligen Überrest.[154] Dieser rückt ins Zentrum in dem Ereignis, das den eigentlichen Ziel- und Fluchtpunkt der katholisch-apostolischen Eschatologie bildet: der Wiederkunft Christi. Bei dieser Wiederkunft werden diejenigen Toten auferstehen, die zu den Gerechten gezählt werden.[155] Sie werden mit den auf Erden Lebenden Gerechten verwandelt, Christus als Erstlinge in die Wolken entgegengeführt und dort mit ihm vereinigt.[156] „Dieser Plan Gottes aber, wie wir ihn aus seinem Worte erkennen können, ist von Anfang an der gewesen, seinem Sohn eine Gemeinde auf Erden zu bereiten, die bei seiner Zukunft als sein Weib, als seine Gehilfin Ihm entgegengeführt werden kann".[157] Das vierfache Amt müsse daher sein Werk tun, damit die, „welche dem Lamm nachfolgen [...] werden mit dem Lamme auf dem Berge Zion stehen, als Erstlinge Gott und dem Lamme sichtbar dargebracht, als Pfand jener glorreichen Ernte".[158] Dazu gelange man jedoch nur durch die „Wiederherstellung [...] der ewigen Ordnungen Jesu Christi, wodurch die Gläubigen im Anfang zu Seiner Kirche erbauet wurden".[159]
Anschließend werde Christus gemeinsam mit seinen Heiligen der Welt erscheinen und in tausendjähriger Herrschaft

---

[151] Böhm, S. 164.
[152] Vgl. Böhm, S. 163.
[153] Böhm, S. 164.
[154] Vgl. Böhm, S. 65.
[155] Die „Toten in Christus", Böhm, S. 159.
[156] Vgl. Testimonium, S. 137.
[157] Böhm, Schatten, S. 67.
[158] Testimonium, S. 137.
[159] Testimonium, S. 21-22. Vgl. auch Böhm, S. 71-72.

regieren.[160] Erst danach komme es zu einer zweiten Auferstehung aller Verstorbenen und zum Endgericht. Die Wiederkunft Jesu ist also mit einer Scheidung innerhalb der Kirche verbunden: zu ihm werden die Gerechten und „Versiegelten" gezogen, während die Mehrheit der Kirche durch ihren Abfall der Herrschaft des Antichrist und der Trübsal anheimfällt. Diese Scheidung begründet die Dringlichkeit und Ernsthaftigkeit der Apostel, ihre Botschaft anzunehmen.[161]

Gott habe daher 12 Männer zu Aposteln berufen, um die Getauften in allen Ländern jener Segnungen teilhaftig zu machen, derer es bedürfe, um für die zukünftigen Ereignisse gerüstet zu sein.[162] Diese Vorbereitung werde im wahrhaft katholischen Geist für die gesamte Kirche gesucht.[163] Die unter den Aposteln gesammelten Gemeinden verstanden sich nicht als neue Kirche, sondern als Muster und Vorbild, „ein Schatten von dem, was Seine allgemeine Kirche seyn soll".[164] Ziel sei der Wiederaufbau der in viele einzelne Teile zerfallenen Kirche, nicht die Gründung einer neuen Kirche.[165] Erwartet wurde somit nicht, dass alle Getauften sich den Gemeinden unter den Aposteln anschlossen, jedoch, dass die Autorität der Apostel anerkannt wurde.[166] Die Annahme ihrer Sendung und damit des „Werkes Gottes" galt die einzige Vorbereitung auf das Kommen des Herrn und die einzige Möglichkeit, der kommenden Trübsal zu entfliehen.[167] Obwohl diese Ereignisse als unmittelbar bevorstehend angesehen wurden, wurde die Errechnung konkreter Daten oder Jahreszahlen abgelehnt.[168]

---

[160] Die Ereignisfolge folgt Offb 19.
[161] Vgl. Testimonium, S. 157.
[162] Vgl. Testimonium, S. 140.
[163] Vgl. Böhm, Schatten, S. 68.
[164] Testimonium, S. 146.
[165] Vgl. Böhm, Schatten, S. 60.
[166] Vgl. Flegg, Gathered, S. 196.
[167] Vgl. Testimonium, S. 160.
[168] Die Naherwartung führte dazu, dass die katholisch-apostolische Lehre sich vollkommen auf die Rettung im Endgericht fokussierte und keine Vorschläge zur Verbesserung sozialer oder politischer Zustände machte. Christliche

IV. Die Deutschlandmission der Katholisch-apostolischen Gemeinden

Die Anfänge

Die Kontakte der KAG mit Deutschland begannen mit dem Ende der 1830er Jahre und führten am Ende der 1840er Jahre zu ersten Gemeindegründungen. Sie trafen auf eine Gesellschaft, die sich durch Industrialisierung, Urbanisierung und eine neue Arbeiterschaft im Umbruch befand.[169] Durch Arbeitsmigration entstanden neue Milieus in den industriellen und urbanen Zentren.[170] Die Wanderbewegungen führten auch zu einer Verbreitung religiöser Ideen. Die politischen Verhältnisse waren durch Reformbestrebungen und revolutionäre Bewegungen unruhig. Die Märzrevolution von 1848 führte in vielen deutschen Staaten zu neuen liberalen Verfassungen, in denen das Verhältnis zwischen Kirche und Staat neu geregelt wurde. Die Religionsfreiheit war ein zentrales Element dieser Verfassungen, die jedoch in der folgenden Phase fast überall wieder kassiert wurden. Es folgte ein Jahrzehnt der Restauration, geprägt durch die Unterdrückung liberaler Tendenzen und eine verstärkte Anbindung der kirchlichen Institutionen an die staatliche Bürokratie.[171]

Thomas Carlyle, Apostel für Norddeutschland, besuchte vermutlich im Jahr 1836 zum ersten Mal das Gebiet seines

---

Gesellschaften und Vereinigungen zur Mission nichtchristlicher Völker oder zur sozialen Reform, Diakonie oder Inneren Mission wurden sogar kritisiert, weil man in ihnen das Bemühen sah, mit menschlichen Mitteln Verhältnisse zu ändern, die nur durch Gottes Eingreifen geändert werden konnten. Die Aufgabe der Kirche war aus katholisch-apostolischer Sicht nicht die Veränderung und Verbesserung der Gesellschaft, sondern die Sammlung der Erstlinge und die Bereitung der Braut für die bevorstehende Wiederkunft. Vgl. Flegg, Gathered, S. 351. Flegg untersucht auch die Quellen der katholisch-apostolischen Eschatologie und nennt als Schlüsselwerke: Juan Josafat Ben-Ezra, Coming; Faber, Dissertation; Frere, Letters.

[169] Vgl. Nipperdey, Geschichte, S. 178-248.
[170] Vgl. Nipperdey, Geschichte, S. 235-236.
[171] Vgl. Nipperdey, Geschichte, S. 674-687.

Stammes, Francis V. Woodhouse, Apostel für Süddeutschland und Österreich, spätestens im September 1838.[172] Weitere Besuche folgten 1839. 1840 kehrten die Apostel nach Albury zurück. Ab 1843/1844 nahm Carlyle seine Besuche in Deutschland wieder auf. Über seine Erkenntnisse verfasste er ein Buch mit dem Titel „The Moral Phenoma of Germany", das 1843/1845 in London erschien.[173] Über den preußischen Gesandten von Bunsen ließ er König Friedrich Wilhelm IV. von Preußen ein Exemplar zukommen.[174] Mit der gemeinsam mit Charles Böhm verfassten und anonym veröffentlichten Broschüre „Die Kirche in unserer Zeit. Ein Wort an Geistliche und Laien" (1843) entstand die erste katholisch-apostolische Publikation in deutscher Sprache.[175] Die evangelistische Arbeit in den 1840er Jahren lag aber nicht in erster Linie bei den Aposteln, sondern bei William Caird[176], Charles Böhm[177] und John Barclay.[178]

Die Missionsbemühungen richteten sich an Getaufte und Mitglieder der bestehenden Kirchen, auf deren Katechese man aufbaute. Ziel war nicht die Bekehrung der Unbekehrten, sondern eine Sammlung der Erstlinge aus den Getauften und die Vervollkommnung der Kirche.[179] In der Regel wurden zunächst

---

[172] Vgl. Schröter, Gemeinden, S. 24.

[173] Carlyle, Phenomena. Eine deutsche Übersetzung erschien unter dem Titel: Blicke eines Engländers in die kirchlichen und socialen Zustände Deutschlands, Breslau 1870. Carlyles Buch über die Mosaische Stiftshütte erschien 1847 ebenfalls auf Deutsch, vgl. Carlyle, Stiftshütte.

[174] Vgl. Schröter, Gemeinden, S. 26 und S. 402.

[175] Carlyle, Kirche.

[176] William Renny Caird (1802-1894), 1832 zum Evangelisten berufen und zum Priester ordiniert, ab 1865 Koadjutor mit dem Apostel Woodhouse in Süddeutschland. Vgl. Sgotzai, Verzeichnis, S. 26; ebenso Schröter, Gemeinden, S. 398f.

[177] Charles John Thomas Böhm (1812-1880), Sohn eines Dänen und einer Engländerin, 1836 geweihter Engel, 1859 Koadjutor mit dem Apostel. Vgl. Sgotzai, Verzeichnis, S. 19. Zu Böhm auch Schröter, Gemeinden, S. 406.

[178] John Barclay (1782-1859), 1835 zum Evangelisten berufen, Evangelist mit dem Apostel in Norddeutschland. Vgl. Sgotzai, Verzeichnis, S. 11, ebenso Schröter, Gemeinden, S. 387f.

[179] Vgl. Zitat J. S. Davenport bei Grass, Work, S. 84.

Kontakte zu Personen hergestellt und über einen längeren Zeitraum gepflegt, die man für die Botschaft der KAG für empfänglich hielt. Erst nach genauerer Kenntnis der Gesprächspartner
wurde das eigene Anliegen angesprochen und das Testimonium überreicht.[180] Auf diese Weise wurden Verbindungen mit
Wilhelm Löhe in Bayern[181] und August Vilmar in Hessen[182] ge-
knüpft. Beide zeigten sich zunächst an der katholisch-apostolischen Verkündigung interessiert, schlossen sich ihr aber nicht
an.[183]

Heinrich W. J. Thiersch und die Gemeinde Marburg

Anders war dies im Falle des Marburger Theologen Heinrich
Thiersch, der zu einer der zentralen Figuren der KAG in
Deutschland und darüber hinaus wurde. Heinrich Wilhelm Jo-
sias Thiersch[184] wurde 1817 in München in eine lutherische Familie geboren. Er studierte Philologie und Theologie in München und Erlangen mit Schwerpunkt auf der Alten Kirche. 1843
wurde er außerordentlicher Professor für Theologie in Marburg, 1845 ordentlicher Professor. Bereits 1842 lernte Thiersch
William Caird in München kennen und erhielt von ihm das Testimonium. Er fand darin ein Bild der Alten Kirche, das er selbst
aus seinem Studium gewonnen hatte[185] und befand, dass „nicht
allein die wahre Theorie von der Kirche, sondern auch ihre Ver-
wirklichung in den apostolischen Gemeinden vorhanden
sei."[186] Dies erstaunte ihn umso mehr, als die Gestalt der

---

[180] Vgl. Schröter, Gemeinden S. 27.

[181] Wilhelm Löhe (1808-1872), Ev.-luth. Pfarrer in Bayern, Begründer des Dia-
koniewerkes und der Missionsschule in Neuendettelsau. Zum Kontakt mit
Löhe vgl. Schröter, Gemeinden, S. 414.

[182] August Vilmar (1800-1868), lutherischer Theologe und Professor in Marburg, Mitbegründer der Renitenten Kirche Ungeänderter Augsburger Konfession in Hessen. Vgl. Schröter, Gemeinden, S. 415f.

[183] Vgl. Schröter, Gemeinden, S. 28.

[184] Zu Thiersch siehe: Edel, Weg; Wigand, Leben; Schröter, Gemeinden, S. 416-
420.

[185] Vgl. Edel, S. 55.

[186] Wigand, Leben, S. 62.

Gemeinden nicht durch historische Forschung, sondern durch charismatische Begabung geprägt worden sei.[187] Die Kontakte intensivierten sich in den Jahren bis 1846, im Jahr 1847 lernte Thiersch mit Thomas Carlyle den ersten der Apostel kennen und bekannte, noch niemanden mit solcher Kraft predigen gehört zu haben.[188]

Am 17. Oktober 1847 empfing Thiersch zusammen mit seiner Frau und anderen im ersten Gottesdienst nach apostolischer Ordnung in deutscher Sprache in Frankfurt am Main die apostolische Handauflegung. Am 2. Januar 1848 erfolgte – ebenfalls in Frankfurt – die Ordination zum Priester, im April 1849 die Weihe zum Engel der Gemeinde Marburg.[189] Er wurde zunächst angewiesen, sein Lehramt in Marburg fortzusetzen und hielt religiöse Privatversammlungen in einem Haus am Markt, die im Februar 1848 verboten, später wegen des im Oktober 1848 liberalisierten Versammlungsrechts wieder aufgenommen wurden.[190] Am 4. Februar 1849 fand die erste Eucharistiefeier in Marburg statt, am 7. Februar wurde dort die erste apostolische Handauflegung an E. A. Roßteuscher[191] gespendet.

Aufgrund seiner geistlichen Tätigkeit ersuchte Thiersch 1849 um die Entbindung von seinen Pflichten als Professor.[192] Sein Verbleib an der theologischen Fakultät als Privatdozent wurde

---

[187] Vgl. Edel, S. 57.
[188] Vgl. Edel, S. 57.
[189] Vgl. Chronik Marburg I, S. 3-4.
[190] Vgl. Wigand, Leben, S. 62. Chronik Marburg I, S. 4. Das Gesetz über die Religionsfreiheit vom 31. Oktober 1848 garantierte Freiheit des Gewissens, Vereinigungsfreiheit zu religiösen Zwecken und die Gründung von Religionsgesellschaften. Vgl. Sammlung von Gesetzen für Kurhessen, Nr. 27 (1848), S. 133. Dazu auch: Waßmann, Kurhessen, S. 99.
[191] Ernst Adolf Roßteuscher (1822-1892), Dr. phil. und Lic. Theol., geb. in Kassel, war Privatdozent an der Universität Marburg, 1845 Ordination zum Pfarrer der Ev. Kirche. Er wurde neben Thiersch zu einem der wichtigsten deutschsprachigen Theologen der KAG. Vgl. Schröter, Gemeinden, S. 422-423.
[192] Vgl. Brief von H. Thiersch an das kurfürstliche Ministerium des Inneren vom 1. August 1849, in: Edel, Weg, S. 322-324.

ihm durch das Ministerium verweigert. Er habilitierte sich daraufhin an der philosophischen Fakultät und wurde dort 1853 Privatdozent. Das Ministerium protestierte mit der Begründung, Thiersch gehöre keiner der anerkannten Religionsgemeinschaften an.[193] Thiersch bat am 26.7.1853 daher beim kurfürstlichen Ministerium in Kassel um eine Untersuchung, ob er „bei dem christlichen Glaubensbekenntnis beharre oder nicht".[194] Die Gemeinschaft, zu der er sich bekenne, stehe auf der Grundlage der Hl. Schrift und der altkirchlichen Bekenntnisse. Zudem sei er nicht aus der lutherischen Kirche ausgetreten. Die Universität hielt daraufhin an seiner Ernennung fest.

Der Aufbau der KAG in Marburg wurde durch die restriktive Politik des Inneninisteriums unter Ludwig Hassenpflug behindert. Hassenpflug (1794-1862), von 1832-1837 und erneut von 1850-1855 Innen- und Justizminister im Kurfürstentum Hessen[195], exekutierte eine reaktionäre Politik und ein enges Bündnis zwischen Kirche und Staat.[196] Seine Versuche, die liberale Landesverfassung von 1831 auszuhebeln, führten zu einem Verfassungskonflikt, der am 9. September 1850 in der Verhängung des Kriegsrechts gipfelte.[197] Damit waren alle Freiheiten kassiert und auch das Gesetz über die Religionsfreiheit von

---

[193] Zitiert nach Edel, Weg, S. 19.
[194] Zitiert nach Edel, Weg, S. 335.
[195] Das Kurfürstentum Hessen war 1803 durch die Erhebung des Landgrafen in den Kurfürstenstand aus der Landgrafschaft Hessen-Kassel entstanden. Bereits unter Landgraf Philipp I. (1504-1567) war mit der Homberger Synode 1526 die lutherische Reformation eingeführt worden. Unter Landgraf Moritz 1605 Übergang zum reformierten Bekenntnis, das aber auf Dauer in Oberhessen um Marburg nicht durchgesetzt wurde. Die Gegend um Marburg blieb lutherisch. Ab 1821 bestanden drei Provinzialkonsistorien in Marburg, Kassel und Hanau. Diese Konsistorialbezirke waren in Diözesen unterteilt, die von Superintendenten oder Inspektoren geleitet wurden. Die Diözese Marburg gliederte sich in eine lutherische und eine reformierte Diözese, die von einem gemeinsamen Konsistorium aus lutherischen und reformierten Geistlichen geleitet wurde. Vgl. Waßmann, Kurhessen, S. 108-110.
[196] Vgl. Nipperdey, Geschichte, S. 676. Zu Hassenpflugs reaktionärer und antiliberaler Politik siehe auch Nipperdey, Geschichte, S. 375-376.
[197] Vgl. Sammlung von Gesetzen für Kurhessen 14 (1850), S. 45 (§3).

1848 zurückgenommen. Die Gemeinde in Marburg war nun von den Entscheidungen der Ortspolizeibehörden und des Innenministeriums abhängig und von wiederholten Versammlungsverboten betroffen.

Ab Januar 1850 fanden in Marburg wöchentliche Eucharistiefeiern statt, daneben wurden Versammlungen und Vorträge im Umland abgehalten.[198] Am 12. Februar wurden alle Versammlungen der Gemeinde verboten, da sie als „mitgezählte unter den Secten" galten.[199] Zu diesem Zeitpunkt zählte die Gemeinde neben Thiersch als Engel bereits mehrere Priester, Diakone und Unterdiakone.[200] Die geistliche Betreuung der Gemeindeglieder wurde im privaten Rahmen fortgesetzt. In Einzelfällen wurde Gemeindegliedern auf die Bitte von Thiersch die Teilnahme an der Kommunion in der Landeskirche erlaubt. Auch konnte 1852 eine Konfirmation zweier Kinder in privatem Rahmen erfolgen.[201] Im Herbst 1853 gestattete der Apostel, nichtöffentliche Eucharistiefeiern in Marburg aufzunehmen: „die Darbringung des Opfers im Stillen mit wenigen Zeugen, dann die Ausspendung [...] in den Familien".[202] Am 19. Dezember 1854 wurde der Kriegszustand in Kurhessen aufgehoben.[203] Ein neues Vereinsgesetz ermöglichte ab Januar 1855 wieder religiöse Versammlungen, was aber nicht zu einer dauerhaften Erlaubnis für die Eucharistiefeiern der KAG führte.

---

[198] Genannt werden Dörfer im Ebsdorfer Grund, daneben Sterzhausen, Caldern und Buchenau im Lahntal. Vgl. Chronik Marburg I, S. 12.

[199] Chronik Marburg I, S. 48.

[200] Schröter nennt für diesen Zeitraum ca. 50-60 Gemeindeglieder in Marburg. Vgl. Schröter, Gemeinden, S. 429.

[201] Vgl. Chronik Marburg I, S. 57-58. Die entsprechenden Einträge in der Chronik der KAG Marburg belegen, dass es zuvor schon zum Ausschluss der Gemeindeglieder vom Abendmahl in der Ev. Landeskirche gekommen war. Vgl. auch Henke/Drave, Abendmahl.

[202] Chronik Marburg II, S. 4.

[203] Vgl. Sammlung von Gesetzen für Kurhessen 21 (1854), S. 77.

Im Frühjahr 1857 wurden Gemeindeglieder durch ein Mitglied des Marburger Provinzialkonsistoriums, Prof. Ernst Ranke[204], verhört und ermahnt, nicht mehr an Sakramentsfeiern der apostolischen Gemeinde teilzunehmen, da sie sonst exkommuniziert würden. Ranke informierte Thiersch darüber, dass in dieser Weise mit allen Gemeindegliedern verfahren werden sollte. Apostel Woodhouse riet alles zu tun, um den Bruch mit dem Konsistorium zu vermeiden, zumal man unter diesen Verhältnissen keine ausreichende geistliche Versorgung der Gemeindeglieder gewährleisten könne.[205] In der Folge erging die Anweisung an alle Pfarrer, den Mitgliedern der KAG mit Exkommunikation zu drohen und ihnen zwei Bedingungen vorzulegen: 1. Der Ortspfarrer sei für den rechten Seelsorger zu halten, 2. keine Teilnahme an Sakramentsfeiern außerhalb der Landeskirche.[206] Thiersch bot daraufhin dem Konsistorium an, alle eigenen Sakramentsfeiern einzustellen, wenn damit die Exkommunikation der Gemeindeglieder verhindert würde. Diese Zusage wurde am 31. Dezember 1857 verweigert.[207] Im August 1858 wurden öffentliche Versammlungen und Gottesdienste nach dreijährigem Verbot wieder erlaubt. Im August 1859 begannen wiederum Verhöre von Gemeindegliedern durch das Konsistorium.[208] Von den Gemeindegliedern wurde erneut verlangt, sakramentliche Handlungen ausschließlich in der evangelischen Kirche von deren berufenen Dienern unter Ausschluss aller anderen vornehmen zu lassen.[209] Eine Exkommunikation erfolgte jedoch nicht.[210] Thiersch erläuterte in einem persönlichen Brief an Ranke seine Einwände gegen dieses Versprechen: „Eine Entsagung wird verlangt, […] ein Gelübde, welches nichts geringeres ist, als eine Lossagung von allen anderen Abtheilungen der Kirche Christi außer der

---

[204] Zu Ernst Ranke (1814-1888) siehe: Werner, Ranke.
[205] Vgl. Chronik Marburg III, S. 9.
[206] Vgl. Chronik Marburg III, S. 37.
[207] Vgl. Chronik Marburg III, S. 37.
[208] Vgl. Chronik Marburg III, S. 98.
[209] Vgl. Chronik Marburg III, S. 98.
[210] Vgl. Chronik Marburg III, S. 113.

lutherischen. […] So lange noch ein Funke von Katholicität und von Sehnsucht nach dem Wiederhervortreten der Einheit der ganzen Kirche ist, kann ich ein solches Gelübde nicht leisten."[211] Die Ausschließlichkeit, die die Landeskirche für sich einfordert, sieht er als die „[…] unberechtigten Ansprüche einer Fraction, welche sich von der Gesammtheit der Kirche lossagt und ihr Auge dagegen verschließt, daß Gott noch *andre* Diener rechtmäßig berufen und ausrüsten und senden kann."[212]
Apostel Woodhouse beanspruchte das Recht auf eigene Gottesdienste neben denen der Landeskirche:

> „that we recognize the ordinances of God in the existing established churches, while we hold to our right of worshipping under apostles rather than in the church of the land without thereby causing or creating schism, and we deny the right of the church authorities to compel us to worship with them, or to punish us for obeying the sending of the Lord, and we protest against the righteousness of their sentence of excommunication."[213]

Am 23. November 1862 wurde die Spendung und der Empfang von Sakramenten unter Androhung des Kirchenausschlusses verboten.[214] In einem Verhör am 26. Februar 1863 räumte Thiersch ein, sakramentale Handlungen vorgenommen zu haben.[215] Am 10. Juli 1863 erfolgte die Exkommunikation *coram presbyterio* in der Sakristei der Lutherischen Pfarrkirche. Thiersch wurde mitgeteilt, dass er sich „selbst von der lutherischen Kirche ausgeschlossen [habe]".[216] Dieser protestierte gegen diese Aussage: „Ich ehre und liebe die lutherische Kirche als ein Glied der einen allgemeinen Kirche Christi." Er habe sich in seiner Annahme des apostolischen Werkes nicht von der

---

[211] Brief von H. Thiersch an Ernst Ranke vom 9.9.1859, zitiert nach Edel, Weg, S. 338.
[212] Ebda, Hervorhebung im Original.
[213] Brief Francis Woodhouse an H. Thiersch, 14.1.1861, Thierschiana II.
[214] Vgl. Chronik Marburg III, S. 132.
[215] Vgl. Chronik Marburg III, S. 137.
[216] Chronik Marburg III, S. 144.

lutherischen Kirche losgesagt, „denn das Werk Gottes ist für alle bestimmt".[217] Der Superintendent erklärte ihm, durch Amtshandlungen, die ihm nicht zukämen, habe er sich selbst ausgeschlossen. Thiersch entgegnete, er habe keinen Auftrag vom Landesherrn, aber von Jesus Christus, dem Erzhirten und Haupt der Kirche, auch der lutherischen Kirche. Er bedauerte, dass eine inhaltliche Auseinandersetzung auf der Basis der Schrift nicht stattgefunden habe.[218] Die Entscheidung wurde allen Gemeindegliedern persönlich eröffnet. Damit war ein 15-jähriger Konflikt zwischen der apostolischen Gemeinde und der kurhessischen Landeskirche entschieden.

Thiersch verließ Marburg im Jahr 1864 und zog nach München. Nach einem Edikt von König Max II. aus dem Jahr 1862 bestand dort eine Kultusfreiheit und volle staatsbürgerliche Rechte für die KAG.[219] Die Aufsicht über die Gemeinde Marburg übernahm E. A. Roßteuscher.[220]

---

[217] Chronik Marburg III, S. 145.
[218] Vgl. Chronik Marburg III, S. 149.
[219] Vgl. Wigand, Leben, S. 65.
[220] Roßteuscher war zu diesem Zeitpunkt Engel in Magdeburg. Erst ab 1879 erhielt die Gemeinde Marburg mit K. Ludwig Kenter (1833-1888) wieder einen eigenen Engel. Auf ihn folgte Johannes Schmidt (1888-1892), bis zum Jahr 1897 wurde die Gemeinde wiederum durch auswärtige Engel beaufsichtigt. Von 1897 bis 1936 amtierte Christian Arnold aus Rhenegge als Engel in Marburg.

V. Der Konflikt zwischen der Katholisch-apostolischen Gemeinde in Rhenegge und der Landeskirche in Wal deck-Pyrmont

Die kirchliche Situation in Waldeck-Pyrmont

Die Grafschaft Waldeck entwickelte sich ab dem 12. Jahrhundert als selbständiges Territorium im Hl. Römischen Reich. Die Einführung der lutherischen Reformation erfolgte 1526. 1712 wurde das Land durch Erhebung des Grafen in den erblichen Reichsfürstenstand Fürstentum, ab 1848 mit dem Landesteil Pyrmont zum Fürstentum Waldeck-Pyrmont vereinigt. Eine kirchliche Union zwischen Lutheranern und Reformierten wurde in Waldeck 1821 eingeführt.[221] Die Revolution von 1848 hatte in Waldeck zu einem „Staatsgrundgesetz für die Fürstenthümer Waldeck und Pyrmont"[222] geführt, das Religionsfreiheit garantierte und die Staatskirche abschaffte (§§15-16). Jede Religionsgesellschaft sollte ihre Angelegenheiten selbständig ordnen dürfen. Nach der Auflösung der Paulskirchenversammlung und der Wiederherstellung des Deutschen Bundes wurde das liberale Staatsgrundgesetz jedoch wieder zurückgenommen. Bei seinem Regierungsantritt 1852 weigerte Fürst Georg Victor sich, das Staatsgrundgesetz von 1849 zu übernehmen. Eine revidierte Fassung wurde erarbeitet, der Fürst wurde wieder alleiniger Inhaber der Regierungsgewalt.[223] Die Religionsfreiheit für Minderheiten wurde auf die häusliche Übung beschränkt. Gemeinsame Religionsausübung mit öffentlichem Charakter stand nur Religionsgemeinschaften zu, die auch

---

[221] Vgl. Waßmann, Waldeck 1984, S. 115-118. Waldeck war lutherisch, kleinere reformierte Gruppen bestanden nur im Umfeld des Hofes in Arolsen und in Wildungen, eine reformierte Gemeinde bestand zudem in Züschen. Die Union wurde nicht als Einschnitt empfunden, die Liturgie wurde nicht verändert. Ein nachträglicher Widerstand entwickelte sich erst im Verlauf der Erweckungsbewegung nach 1850. Vgl. Waßmann, Waldeck 1984, S. 119-120.
[222] Waldeckisches Regierungsblatt 1849, S. 27-51.
[223] Waldeckisches Regierungsblatt 1852, S. 141-156.

Corporationsrechte besaßen (vgl. § 40). Somit war das bisherige Staatskirchentum wiederhergestellt.[224]

Im preußisch-österreichischen Krieg von 1866 stand Waldeck an der Seite Preußens, Kurhessen an der Seite Österreichs, was die Erhaltung der Selbständigkeit Waldecks nach der Niederlage Österreichs zur Folge hatte. Kurhessen wurde annektiert und als Provinz Hessen-Nassau dem Königreich Preußen eingegliedert. Waldeck-Pyrmont war jedoch finanziell nicht überlebensfähig. Fürst Georg Victor schloss daher 1867 einen Akzessionsvertrag, der Preußen die gesamte innere Verwaltung des Fürstentums übertrug. An der Spitze der Verwaltung stand fortan ein Landesdirektor, der vom preußischen König ernannt wurde. Der Fürst behielt die Ehrenrechte eines Regierenden und blieb Oberhaupt der evangelischen Landeskirche.[225]

Die Kirchenleitung wurde durch das Konsistorium wahrgenommen. Es wurde gebildet aus einem Juristen als Konsistorialdirektor (resp. -präsidenten) und zwei geistlichen Konsistorialräten.[226] Als Konsistorialdirektoren amtierten Robert Varnhagen 1873-1887, Robert Ebersbach 1888-1892, Th. Von Krogh 1892-1895 und Wilhelm von Hadeln 1896-1912. Als Konsistorialräte amtierten im betrachteten Zeitraum Ulrich Scipio (ab 1871) und Georg Gustav Köthe 1875-1897.[227]

Die Erweckungsbewegung[228] erfasste Waldeck in zwei Phasen. Die erste Phase führte zur Bildung des Waldeckischen Missionsvereins und zum Widerstand gegen die 1821 vollzogene Union. Sie endete mit der Bildung selbständiger lutherischer Gemeinden im Jahr 1864, denen 1866 Korporationsrechte

---

[224] Vgl. Waßmann, Waldeck-Pyrmont 2006, S. 248.
[225] Vgl. Waßmann, Waldeck-Pyrmont 2006, S. 142-143.
[226] Vgl. Curtze, Kirchenverfassung, S. 142-145.
[227] Vgl. Waßmann, Waldeck-Pyrmont 2006, S. 257-258.
[228] Zur Erweckungsbewegung siehe Benrath, Erweckung; ebenso Gäbler, Auferstehungszeit.

verliehen wurden.[229] Eine zweite Phase führte ab etwa 1870 zur Bildung erwecklicher Gemeinschaften innerhalb und außerhalb der Landeskirche, die auch zur Entstehung freikirchlicher Gemeinden darbystischen, baptistischen oder kongrega-tionalistischen Typs wie der „Freien evangelischen Gemeinden" führten.[230] Wesentliche Einflüsse gingen in dieser Zeit von den Industriestädten des Wuppertals aus, in die es eine starke Arbeitsmigration aus dem Waldecker Land gab.

Die Anfänge der Katholisch-apostolischen Gemeinde in Rhenegge

Kirchlich bildete die Gemeinde Rhenegge seit der Reformation eine Einheit mit dem ca. zwei Kilometer entfernten größeren A-dorf. Die Adorfer Pfarrstelle war doppelt besetzt: neben einer durch das Konsistorium zu besetzenden Pfarrstelle gab es eine zweite Patronatspfarrstelle.[231] 1895 zählte Rhenegge 552 Einwohner, davon 518 Evangelische, keine Katholiken und 34 andere.[232]

Über die Anfänge der KAG in Rhenegge liegt ein Bericht von Pfarrer Fuldner[233] aus dem Jahr 1885 sowie ein weiterer Bericht von Pfarrer Weiß aus dem Jahr 1891 vor.[234] Die beiden Berichte ergänzen sich mit Angaben aus den Archiven der KAG Marburg und Wuppertal zu folgendem Bild: Der Stellmacher Christian Arnold, 1855 in Adorf geboren, hielt sich für einige Zeit in Elberfeld (Wuppertal) auf. Dort kam er mit der KAG in

---

[229] Vgl. Waßmann, Waldeck 2006; Stolle, Vereinstätigkeit.

[230] Vgl. Kraft, Erweckungsbewegung; Wiesemann, Gewissen; Nebelsieck, Anfänge.

[231] Vgl. Pohlmann, Ortssippenbuch Rhenegge, S. 111.

[232] Die nichtevangelischen Religionszugehörigen sind vermutlich die Mitglieder KAG. Vgl. „Rhenegge, Landkreis Waldeck-Frankenberg", in: Historisches Ortslexikon <https://www.lagis-hessen.de/de/subjects/idrec/sn/ol/id/1698> (Stand: 16.10.2018, abgerufen am 25.2.2022).

[233] Bericht von Pfarrer Fuldner an das Konsistorium in Arolsen vom 27.10.1885, Acta Adorf/1. Karl Ph. Albert Fuldner war Pfarrer im Kirchspiel Adorf von 1869-1890.

[234] Bericht von Pfarrer Weiß an das Konsistorium in Arolsen vom 4. Mai 1885. Acta Adorf/2. Karl Weiß war Pfarrer im Kirchspiel Adorf von 1890-1899.

Kontakt, in die er 1876 aufgenommen wurde. Sein Bruder Bernhard (geb. 1860 in Adorf), trat der Gemeinde Elberfeld im Jahr 1877 bei. Das Jahr 1876 ist nach Pfr. Fuldners Bericht der Beginn der Missonstätigkeit der „Irvingianer" in Adorf und Rhenegge. Im Jahr 1878 kehrte Christian Arnold nach Adorf zurück und heiratete Friederike Schnautz aus Rhenegge. Gemeinsam mit seinem Schwiegervater kaufte er dort „Auf dem Knappe" (heute: Knappstraße) ein Haus, in dem die Versammlungen der Gemeinde stattfinden sollten.[235] Laut Pfr. Fuldner wandte sich Arnolds Schwiegervater aber wieder von der Lehre ab, weshalb die Versammlungen dort erst nach dessen Tod im Frühjahr 1885 begannen. Pfr. Weiß bezeichnet den Raum in Arnolds Haus als eine „sehr kostbar eingerichtete[n] Hauskapelle"[236]. Christian Arnold wurde 1879 in Kassel zum Diakon, 1881 in Marburg zum Priester geweiht.[237]

Im Jahr 1885 entsandte die Gemeinde Marburg den Evangelisten Karl Amend nach Rhenegge.[238] Amend, ein aus Biedenkopf stammender Schreiner, der 1873-1880 als Diakon-Evangelist tätig war, weilte u.a. kurzzeitig auch in Elberfeld, wo er Christian

---

[235] Pfarrer Weiß datiert den Beginn der Gemeinde auf das Jahr 1878.

[236] Die Kapelle war in einem größeren Zimmer im 1. Stock des Hauses eingerichtet. Sie war durch Freskenmalereien an Wänden und Decke künstlerisch ausgestaltet und enthielt neben Sitz- und Kniebänken ein Harmonium und einen hölzernen Altar mit Tabernakelaufsatz. Neben der Kapelle befand sich eine kleine Sakristei. Die Freskenmalereien sind zum Teil heute noch sichtbar.

[237] Christian Arnold (1855-1936) wurde 1897 beauftragter Engel der Gemeinde Marburg. Sein Bruder Bernhard diente in Rhenegge als Diakon (1882-1887), ging 1887 als Evangelist nach Lübeck, wurde 1889 in Kassel zum Priester und 1897 zum Engel geweiht. Anschließend bis 1905 Engel in Flensburg und Kiel, danach in Brieg und Breslau (gest. 1926). Angaben zu den Biographien aus dem Archiv der KAG Wuppertal, Kassel und Marburg sowie aus: Sgotzai, Verzeichnis.

[238] Das Archiv der KAG Marburg verzeichnet: „Der Priester-Evangelist K. Amend erhielt Auftrag, vom 15. Oktober 1885 an eine Arbeit in Adorf-Rhenegge zu beginnen." 1895 wurde er nach Wilhelmshaven gesandt und wirkte die letzten Jahre seines Lebens (1896-1904) als Priester-Evangelist in Bremen. Angaben zu K. Amend aus den Archiven der KAG Marburg und Wuppertal. Pfr. Fuldner bezeichnet K. Amend in seinem Bericht irrtümlich als „Engel".

Arnold kennen gelernt haben könnte. 1880 wurde er zum Priester ordiniert und wirkte ab 1883 von Marburg aus als Priester-Evangelist. Pfr. Fuldner schreibt über Amend:

„Es ist dies ein s.g. Engel, der aber nichts weniger ist, als ein solcher, indem er in jesuitischer Weise mit Unwahrheiten umging; denn während er früher von Cassel auch öfters hierherkam, erklärte er, daß er nicht im Entferntesten darauf [absehe] die Glieder der hiesigen Gemeinde von derselben abfällig zu machen, sondern in Gegentheil, er wolle sie nur in ihrem Glauben befestigen. Er war, um nicht von vorneherein Anstoß zu erregen, mit der *captatio benevolentiae* unter ihnen aufgetreten, daß er meine Wirksamkeit und Predigtweise rühmte auch […] indem er hier immer (was sehr häufig geschah,) mit ihnen die hiesigen Gottesdienste besuchte. Das alles geschah aber nur, um die Leute sicher zu machen; denn während er im Anfang seine Versammlungen des Abends hielt, wurden dieselben, als er eine genügende Anzahl Anhänger gefunden und dieselben durch ihre Unterschrift gebunden hatte, zu der Zeit unseres Hauptgottesdienstes gehalten da er nun jetzt in Rhenegge sein domicil aufgeschlagen hat, wird er immer mehr unbefangen[…]"[239]

Auf Veranlassung des Rhenegger Kirchenvorstandes bittet Pfr. Fuldner das Konsistorium darum, ihm gegen das „Übergreifen der Irvingianer" beizustehen resp. Mittel und Wege anzugeben, wie demselben gesteuert werden könne. Die Antwort des Konsistoriums fällt jedoch ernüchternd aus: Da „uns gesetzliche Mittel zur Unterdrückung derselben nicht zu Gebote stehen", werde der Pfarrer ersucht, seinen seelsorglichen Einfluss nach Kräften aufzubieten, „damit dem Umsichgreifen dieser sektiererischen Bewegung mit Erfolg entgegengetreten werde".[240]

---

[239] Acta Adorf/1.
[240] Schriftlicher Vermerk zur Antwort an Pfr. Fuldner durch das Konsistorium vom 17.11.1885, Acta Adorf/1.

In seinem Bericht aus dem Jahr 1891[241] schreibt Pfr. Weiß über Arnold, er nehme in der hierarchischen Ämterordnung der sogenannten „apostolisch-katholischen" Gemeinde die Stellung eines Engels oder Bischofs[242] ein, als „helpers" stünden ihm ein Herr Flamme[243] von Rhenegge und der Kaufmann Weidemann[244] von Giebringhausen zur Seite. Nachdem anlässlich einer Schulvorstandssitzung bekannt geworden sei, dass Christian Arnold in Rhenegge die Kinder mit Zugrundelegung eines „irvingianischen" Lehrbuches[245] unterrichte, habe er diesen aufgefordert, über diese sektiererischen Umtriebe Rechenschaft abzulegen. Derselbe sei auch erschienen und habe sich durch Vorlage eines Zeugnisses als Geistlicher legitimiert. Es sei jedoch nicht möglich gewesen, genaueren Einblick in die Urkunde zu nehmen.

„Auf die ihm nunmehr vorgelegte Frage, welche Kirchliche Obrigkeit er anerkenne, erklärte er keine, außer den Herrn Christus. Als ihm aber die bei den Irvingianern bestehenden Ämter vorgehalten wurden, gab er zu unter diesen seine Vorgesetzten zu haben. Das Summepiskopat Sr Durchlaucht des Fürsten verwarf er ebenso wie die obrigkeitliche Gewalt Hochwürdigen Konsistoriums. In derselben Weise verhielten sich die anderen Vorgeladenen der Schieferdecker

---

[241] Acta Adorf/2.

[242] Hier irrt Pfarrer Weiß. Zu diesem Zeitpunkt war Chr. Arnold Priester. Seine Berufung zum Engel erfolgte erst im Jahr 1896 in Hamburg, seine Weihe ist nicht genau zu datieren, muss aber spätestens 1897 stattgefunden haben, da er ab diesem Jahr als beauftragter Engel die Gemeinde in Marburg leitete. Angaben aus dem Archiv der KAG Kassel.

[243] Carl Flamme (1845-1917), Diakon. Die Bezeichnung „helpers" deutet auf eine Kenntnis des innerkirchlichen Sprachgebrauchs der KAG.

[244] Christian Friedrich Weidemann (1852-1906), Priester ab 1899.

[245] Genannt wird: „Hilfsbuch bei dem Unterrichte im Katechismus", Stettin 1874.

Urff[246], der Maurermeister Klöser[247] und der Stellmacher Becker v. Warnecke."[248]

Der Kirchenvorstand habe daraufhin einstimmig beschlossen: „Hochwürdiges Konsistorium soll ersucht werden, die Verlesung einer Warnung vor dieser Sekte sowie einer Erklärung, nach welcher die Anhänger derselben als ausgeschlossen von der evangelischen Landeskirche anzusehen seien, auf den Kanzeln des Kirchspiels zu gestatten." Zur Untermauerung dieser Forderung weist Pfr. Weiß noch einmal auf die „versteckte Agitationsweise der Sekte" hin:

„Heuchlerisch halten sie sich zur Landeskirche, solange sie noch nicht Macht genug zu selbständigem Auftreten haben. Als vor drei Wochen in Kassel eine Art Synode der Irvingianer stattfand wurde von dem einzigen noch lebenden Apostel der Irvingianer[249] dem Sektiererhaupte Arnold zu Rhenegge die Frage vorgelegt: ‚Ob die Gemeinde derselben noch nicht von der Landeskirche ausgeschlossen sei?' Es würde nunmehr nur ein Zeichen der Schwäche sein und als solches auch von den Sektierern angesehen werden, wenn die Landeskirche nicht das an ihrem Leibe wuchernde und von ihrer Kraft sich nährende Krebsgeschwür ausschneiden würde."[250]

---

[246] Werner Urff, Dachdeckermeister aus Adorf, ohne Lebensdaten, später als Diakon in den Adressbüchern der KAG geführt.

[247] Friedrich Klöser (1844-1907) in Adorf.

[248] Friedrich Becker (1852-1939) aus Adorf, der Zusatz „v. Warnecke" von lat. „vulgo" im Sinne von „genannt" bezeichnet einen Hausnamen. Das Ortssippenbuch Adorf vermerkt, er hätte zwischenzeitlich der Glaubensgemeinschaft der Swedenborgianer angehört, gemeint sind aber vermutlich die „Irvingianer". Vgl. Emde, Ortssippenbuch Adorf, S. 62.

[249] Apostel Francis V. Woodhouse (1805-1901). Vermutlich war aber zu diesem Zeitpunkt dessen Koadjutor in Kassel, nicht der Apostel selbst.

[250] Weiß fährt fort: „Wenn auch nicht zu erwarten ist, dass von unseren Ortsbürgern sich viele anschließen werden, so ist es doch Thatsache, daß sie neue Ankömmlinge leicht verlocken. Die Möglichkeit in der hierarchischen

Neben einem „Rückfall in den Katholizismus" habe der Irvingianismus auch die alttestamentlichen Institutionen zu erneuern versucht. In der Gemeinde sei der Zehnte eingeführt, was zu einer beständigen Aufbesserung der Vermögensverhältnisse des Christian Arnold führe, aber zu einer „wirtschaftlichen Schädigung" von Land und Leuten im Namen Gottes. Arnold gehe seiner „Agitationsthätigkeit" mit großem Fleiße nach und reise wöchentlich durch das Land, um Traktate zu verbreiten. Bisher habe das Verhalten des Pfarrers gegenüber den Anhängern vornehmlich darin bestanden, sie über das eigentliche Wesen der Irvingianismus zu belehren und ihnen das Versprechen abzunehmen, deren Gottesdienste nicht mehr zu besuchen. Wurde dieses Versprechen verweigert, wurden die Betreffenden vom Abendmahl ausgeschlossen.

Eine Antwort des Konsistoriums ist aus der Akte nicht zu erschließen.

Konfliktfälle
Konflikt um die Konfirmation

Bereits in seinem Bericht vom 4.5.1891 erwähnt Pfr. Weiß, dass einige Konfirmanden in Rhenegge durch Christian Arnold einen eigenen Unterricht erhielten. Am 10. November 1891 übersendet er dem Konsistorium einige Verhörprotokolle, die er gemeinsam mit den Lehrern Paul und Knüppel am 15.4.1891 angefertigt hat.[251] Befragt wurden drei Kinder, die nach eigenen Aussagen bereits am Abendmahl in der KAG teilgenommen

---

Stufenleiter zu Ansehen und Würden zu gelangen, welche bei den Irvingianern selbst dem ungebildetsten Mitgliede sich öffnet, der […] dem katholischen fast gleichgestaltete Gottesdienst, die verwegene, den menschlichen Begierden schmeichelnde Deutung der Weissagung, der Glaube, in der Gegenwart wieder durch neue Prophetenstimmen über die Deutung des Werkes Gottes und die Wege Gottes in der Zukunft aufgeklärt zu werden, ist für Unerfahrene ein leider nur allzuwirksames Reizmittel."
[251] Acta Adorf/3.

hatten, aber noch nicht evangelisch konfirmiert waren. Aus den Antworten der Kinder lassen sich folgende Fragen erschließen:

- Wie oft haben sie die Versammlungen der KAG besucht?
- Wie liefen diese ab und wer leitete sie?
- Haben sie dort das Abendmahl empfangen?
- Wie lautete die Spendeformel?

Carl Klöser[252] berichtet, man habe in den Versammlungen kniend gebetet und vor Beginn gesungen. Den Gottesdienst habe Arnold geleitet und einen *„weißen Talar mit einem Kreuze"* getragen. Außer Arnold halfen Flamme und Weidemann den Gottesdienst leiten. Flamme predige ebenfalls, Weidemann nur, wenn Arnold und Flamme fehlten.

„Das Abendmahl habe Klöser, solange derselbe klein gewesen sei, jährlich einmal genossen, seitdem derselbe in der ersten Klasse sei, habe er es gar nicht genossen. Der Genuß des Abendmahles habe bei ihm aber mit sechs Jahren begonnen. Über die Unrechtmäßigkeit dieses Genusses sei Klöser nicht unterrichtet gewesen. Er habe dies auf Geheiß seines Vaters gethan. Die Dispensationsformel ist ihm unbekannt. Dass getauft worden sei, habe er nicht gesehen, auch habe er nichts gehört davon."

Auch Fritz Weidemann gibt an, im Ganzen drei Mal am Abendmahl teilgenommen zu haben. „Er habe dies nicht gewollt, sei aber von seinem Vater dazu gezwungen worden unter Hinweis auf die Teilnahme der Kinder in der alten Kirche am Abendmahle."

„Karoline Brüne[253] besuchte die Versammlungen bei Arnold in Rhenegge, hat auch dort das Abendmahl genossen, obwohl dieselbe über den Charakter des Abendmahles soweit

---

[252] Geb. 1877, gest. 1945 in Adorf.
[253] Geb. 1878.

unterrichtet ist, daß sie sich der Unrechtmäßigkeit eines solchen Genusses bewußt ist.

Unterricht wurde ihr ebenfalls von dem betreffenden Arnold erteilt. In diesem sei man der heiligen Schrift gelehrt worden, es sei alles so gewesen wie in dem pfarramtlichen Unterrichte und der Schule. In die besagten Versammlungen sei dieselbe auf Veranlassung ihrer Eltern gegangen."

Offenbar wurden die genannten Kinder von Pfr. Weiß auf das Versprechen hin, die katholisch-apostolischen Versammlungen nicht weiter zu besuchen, zur Konfirmation zugelassen.[254]

Im folgenden Jahr kam es jedoch im Hinblick auf Konfirmanden, deren Eltern der KAG angehörten, zu einem weiter reichenden Konflikt.

Am 25.2.1892 wandten sich Anton Schlüter[255] und Carl Rauch[256] mit einem Brief an Pfr. Holzhausen.[257] Im Konfirmandenunterricht habe der Pfarrer gesagt, wenn die Kinder sich zu der apostolischen Gemeinde hielten, wolle er sie nicht konfirmieren. Das wollen die Väter nicht hinnehmen: [Daher] „sagen wir Ihnen aber hirmit das wir die beiden Söhne nicht mehr können in den Unterricht schicken die weil wir als Vater die verantwortung [sic] dafür zu tragen haben".

In seinem Begleittext erklärt Pfr. Weiß: „Pfarrer Holzhausen hat bei der Erklärung des 2ten Artikels einige die ‚Irvingianer'

---

[254] So schreibt er in seinem Bericht vom 4.5.1891: „Die erwähnten Konfirmanden, welche mir durch Handschlag Gehorsam gelobten habe ich deshalb zur Konfirmation zugelassen." Acta Adorf/2. Dies bestätigt auch Pfr. Holzhausen in seinem Bericht vom 16.3.1892: „Im vorigen Jahre haben einige Kinder von Irvingianern meinem Herrn Kollegen das Versprechen abgelegt, sie wollten sich der irvingianischen Gemeinde nicht zuwenden, haben es aber bald nach der Konfirmation, jedenfalls unter dem Druck der Eltern, doch gethan." Acta Adorf/6.

[255] Anton Schlüter (1841-1921), sein Sohn Anton Schlüter wurde 1878 geboren.

[256] Carl Rauch (1842-1929), sein Sohn Heinrich Chr. Friedrich Rauch wurde 1878 geboren.

[257] Acta Adorf/5.

betreffende Erklärungen gegeben und diesen dafür besonders zu beachten für beide in dem Briefe erwähnte Kinder hingestellt, dieselben aber keineswegs erschreckt mit der Drohung, sie nicht confirmieren zu wollen." Das Konsistorium reagiert mit dem Ersuchen an Pfr. Holzhausen, einen Bericht über den Sachverhalt zu verfassen „namentlich über den Wortlaut der den Konfirmanden, insbesondere den Kindern des g. Schlüter u. des g. Rauch gegenüber angeblich gefallenen Äußerung."

Dieser erfolgt mit Datum vom 16. März 1892.[258] Pfr. Holzhausen erklärt darin, dass er bei der Behandlung des zweiten Artikels des Glaubensbekenntnisses an der Stelle „von dannen er kommen wird zu richten die Lebenden und die Toten" die Lehren der „Irvingianer" habe erwähnen müssen. Dabei habe sich sofort die Aufmerksamkeit der Kinder auf die beiden Söhne der bekannten Mitglieder KAG gerichtet, die er daher besonders angesprochen habe. In seiner Absicht habe nicht gelegen, diese Kinder hervorzuheben. Er habe die Lehre von der Wiederkunft Christi erklärt und vor der apostolischen Gemeinde gewarnt. Dabei hob er hervor,

> „daß nicht <u>der</u> Umstand das trennende Moment zwischen uns und den Irvingianern sei, daß jene bestimmt glaubten, der Herr käme bald wieder; das könne man freilich nicht wissen, aber es gäbe viele redliche Glieder der Kirche, welche denselben Glauben hätten. Vielmehr liege der Nachdruck darauf, daß jene meinten, zur rechten Bereitschaft auf das Kommen des Herrn gehöre notwendig die Zugehörigkeit zu ihrer sogen. apostolischen Gemeinde, durch welche der Herr seine Kirche erneuern wolle, und die Teilnahme an ihren sog. ‚wiederhergestellten Ordnungen' d. h. ihren Ämtern, ihren besonderen gottesdienstlichen Feiern, ihren schon Kindern zugänglichen Abendmahlen u. s. w."

---

[258] Bericht Pfr. Holzhausen an das Konsistorium zu Arolsen, Acta Adorf/6. Unterstreichungen wie im Original. Gottfried Holzhausen war Pfarrer in Adorf von 1891-1896.

Vielmehr ginge es um die rechte Bereitschaft des Herzens, die sich in täglicher Buße und Reue vor Gott bringe und von ihm Gnade und Lebenskraft empfange. Wer dies pflege, könne jederzeit vor Gott treten. Weil die evangelische Kirche alles biete, was dafür notwendig sei, sei es Unrecht, die Einheit der Kirche zu stören.

Am Schluss der Stunde habe er versucht, die Kinder zu einer persönlichen Entscheidung zu bringen.[259] Er habe gehofft, sie von der Verkehrtheit des „Irvingianismus" überzeugt zu haben, sodass er sie hätte konfirmieren können. Der Brief der beiden Väter habe ihm gezeigt, dass die Eltern die Entscheidung für die Kinder getroffen hätten. Er habe daraufhin die Eltern zu bewegen versucht, die Kinder wieder in die Konfirmandenstunde zu schicken, ihnen aber auch erklärt, dass er Kinder, die durch ihr Fortbleiben zeigten, dass ihnen die „irvingianische" Gemeinde lieber sei als die evangelische Kirche, nicht konfirmieren könne.

Die theologischen Argumente

Pfr. Holzhausen fügt noch einige grundsätzliche Gedanken an. Die „Irvingianer" seien nur deshalb nicht aus der Kirche ausgetreten, weil sie auf diese Weise besser hofften, für ihre Gemeinschaft werben zu können. Wir Arnold ihm brieflich mitgeteilt habe, sei dies das Werk, das der Herr zur Rettung seiner Kirche tue. „Sie nennen deshalb ihre ganze Arbeit, wie aus einer mir kürzlich zugesandten Nummer ihres Organes: ‚Blitze, Donner und Stimme' hervorgeht ‚apostolische Mission'."[260] Er lege

---

[259] „Am Schluß der Stunde richtete ich dann an alle Kinder etwa folgende Bemerkung: ‚Wenn jemand unter Euch mir erklärt, er wolle sich zur apostolischen Gemeinde halten, so ist es besser für ihn, ich confirmiere ihn nicht, denn dann hat die Konfirmation für ihn keinen Zweck.'"

[260] Diese Zeitschrift „Blitze, Donner und Stimmen" war kein Organ der KAG, sondern wurde 1891-1892 von dem ehemaligen Engelpropheten Heinrich Geyer (1818-1896) herausgegeben, der sich 1863 von den KAG über der Frage der Berufung neuer Apostel getrennt hatte. Seine Gemeinschaft bezeichnete

einen Brief des Christian Arnold bei, an dem auffallend sei, dass er die unterscheidenden Merkmale in den Hintergrund stelle, sich aber als Märtyrer aufspiele.

„In meiner ausführlichen Antwort hob ich besonders die vollständige Suffizienz des göttlichen Wortes ‚zur Rettung seiner Kirche' hervor und bedürfe die Kirche deshalb der sog apostolischen Mission nicht, da in unserer ev. Kirche alles vorhanden sei, was zur rechten Bereitschaft auf das Kommen des Herrn und zur Seligkeit notwendig sei, insonderheit auch in unserem Kirchspiele das Wort Gottes lauter und rein gepredigt werde, so sei gar kein Grund vorhanden, eine Gemeinschaft innerhalb der Kirche zu gründen, welche durch ihre ausgeprägten kirchlichen Ordnungen, welche er die ‚wiederhergestellten' nenne, durch ihre schon Kindern zugänglichen besonderen Abendmahlsfeiern, durch ihre Versiegelung (ein von ihnen geheim gehaltener Akt[261], durch welche sie jedenfalls als volle Mitglieder der apostolischen Gemeinde, als Auserwählte, die der Entrückung und Verwandlung sicher sind, bestätigt (‚versiegelt') werden. Die sämtlichen hiesigen erwachsenen Mitglieder der Sekte sind wohl ohne Ausnahme in Cassel zur Versiegelung gewesen) mit den Ordnungen der Landeskirche in Widerspruch geraten."

Dies aber stehe in Widerspruch zu Lk 17,21. Sie sollten daher ihre Ordnungen fahren lassen und wieder volle Mitglieder der Landeskirche werden oder andernfalls aus der Landeskirche austreten.

---

sich als „Allgemeine christliche Apostolische Mission". Wegen der Uneinigkeit in der Frage der Berufung neuer Apostel und der Ablehnung der Wirksamkeit Geyers wurde die Zeitschrift nicht in den KAG verbreitet. Pfr. Holzhausen könnte diese aus anderer Quelle erhalten haben und hielt sie irrtümlich für eine Zeitschrift der KAG. Vgl. Schröter, Gemeinden, S. 550.

[261] Dies ist eine Annahme, die durch keine Quellen zu belegen ist. Der Ritus der apostolischen Handauflegung wurde nicht als geheim angesehen.

Der erwähnte Brief von Christian Arnold an Pfr. Weiß ist ebenfalls in der Akte enthalten:[262] „Es thut mir von Herzen leid, daß solche schmerzliche Zustände, in Bezug der beiden Confirmanden, wieder eintreten. Ganz ohne Zweifel machen Sie sich ganz verkehrte Vorstellungen von dem Werke, daß der Herr zur Errettung <u>Seiner Kirche</u> thut, u. welches wir erkannt haben u. daran glauben." Im Folgenden legt Arnold dar, wie die katholisch-apostolische Gemeinde ihre Rolle in dieser Zeit der Erwartung versteht.[263] Der Zeitpunkt der zukünftigen Ereignisse sei unklar, es gehe auch nicht darum, ihn zu berechnen. Diejenigen, die das Werk des Herrn annähmen und den Aposteln des Herrn folgten, würden errettet vor der Stunde der Versuchung. Dieser Sammlung diene die gesamte Mission der KAG, sie richte sich jedoch an die gesamte Kirche. In sie fügten sich auch die „wiederhergestellten Ordnungen" ein wie die „Anbetung Gottes in der hl. Eucharistie" und die Versiegelung.

---

[262] Brief Christian Arnolds an Pfr. Weiß in Adorf, 22.2.1892, Acta Adorf/5.

[263] „Gott hat uns die Botschaft gesandt, daß die Zeit gekommen ist, die Häupter aufzuheben u. uns auf die Errettung zu bereiten u. wir wissen, wie Er uns diese Botschaft erst im Geiste u. dann in der Erfahrung verbürgt hat. [...] Von ganzem Herzen halten wir daran fest, wie Noah bei dem Bau der Arche, ob wir auch darüber zu leiden haben würden. Wir verkündigen im Namen Gottes die nahen Gerichte u. die angebotene Errettung. Wir wissen <u>u. wir erfahren</u>, daß wir durch viel Trübsal ins Reich Gottes eingehen müssen. Wir sind bereit, dem Lamme zu folgen, dem Manne der Schmerzen, wohin Er uns führen wird; aber wir wissen auch, daß die Erstlinge bei Ihm sein werden auf dem Berge Zion, ehe die große Trübsal beginnen wird. Offb. 14. Wir wissen, daß die große Schaar die große Ernte durch die große Trübsal muß, aber wir wissen darüber u. seit mehr als 45 Jahren beten wir um die Zurückhaltung der Gerichte u. beten für die Kirche, die Braut des Lammes u. widmen unser Leben ihrem Dienste; aber wir sagen auch, daß die große Trübsal ein Gericht ist, daß wir unserm Gott abnöthigen, so wie JEsu Leiden ein Gericht war; trotz seiner vollkommenen Heiligkeit mußte Er leiden um unserer Sünden willen, die auf Ihm lagen. So wird die Kirche leiden müssen, trotz der vollkommenen Genugthuung JEsu, um ihres Ungehorsams u. Unglaubens willen. Aber wie unzählige Gläubige durch einen seligen Tod u. die Auferstehung und <u>nicht</u> durch die große Trübsal in die Heiligkeit eingehen werden, so werden auch diejeinigen, die jetzt den Aposteln des HErrn folgen, nur errettet werden vor der der Stunde der Versuchung [...]."

Neben diesem Dienst der Sammlung sehe die KAG ihre Aufgabe in der Fürbitte.

Konflikt um die Beerdigung der Karoline Brüne

Im April kam es zu einem weiteren Konflikt zwischen Pfarrer Weiß und der KAG. Am 17. April 1892 verstarb Karoline Brüne, die Frau des Christian Friedrich Brüne. Dieser suchte bei Pfarrer Weiß um die Beerdigung seiner Frau nach, die ihm zugesagt wurde. Am gleichen Tag wurde ihm jedoch durch den Lehrer in Rhenegge ein Schreiben ausgehändigt, in dem der Pfarrer mitteilte, die Beerdigung müsse verschoben werden, da „vorher erst Information des Fürst. Konsistoriums eingeholt werden muß."[264] Pfarrer Weiß wandte sich ebenfalls am 18.4.1892 an das Konsistorium mit einer Anfrage: „In Rhenegge ist eine Anhängerin der Irvingianersekte gestorben, nachdem dieselbe vorher das h. Abendmahl bei einem der Vorsteher dieser Sekte genossen hat. Der gehorsamst Unterfertigte ersucht Hohe Behörde um gütigste Anweisung, wie sich derselbe bei der Beerdigung verhalten soll".[265]

Eine rechtzeitige Antwort erfolgte nicht. Deshalb lehnte Pfr. Weiß die Beerdigung ab und untersagte das Läuten der Glocken. Dies führte zu einem weiteren Ärgernis:

„Die Beerdigung, welche auf Donnerstag festgesetzt war, damit eine eventuelle Antwort Fürstl. Consistoriums auf

---

[264] Das Schriftstück ist als Beilage zu einem Brief des Chr. Fr. Brüne an das Konsistorium vom 28.4.1892 enthalten. Die Notiz des Pfr. Weiß an Brüne trägt Datum und Stempel vom 18.4.1892. Acta Adorf/12.

[265] Acta Adorf/7. Pfr. Weiß begründet seine zurückgezogene Zusage damit, es sei ihm nicht klargewesen, dass es sich um die Irvingianerfamilie Brüne gehandelt habe, da der Name Brüne in Rhenegge häufig vorkomme. Durch den Kirchenvorstand und andere Leute seien ihm jedoch Informationen zugekommen, um welche Familie es sich gehandelt habe, daher habe er seine Anordnungen ändern müssen. Vgl. Bericht des Pfr. Weiß an das Konsistorium vom 10.5.1892. Acta Adorf/13.

eine an dasselbe ergangene Anfrage, abgewartet werden könne, wurde unter Assistenz eines gewissen Pinkels[266] schon am Mittwoch vorgenommen. Derselbe betrat im Ornate, entgegen der Weisung der Ortspolizeibehörde den Friedhof und verlas daselbst liturgische Formeln ew. auch eine Ansprache, was ich nicht feststellen konnte."[267]

Die Beerdigung zog die Aufmerksamkeit des Dorfes auf sich. Am 20. April 1892 befasste sich der Gemeinderat in Rhenegge mit dem Vorfall und richtete eine Bitte an das Konsistorium: [268]

„Am heutigen Tage fand die Beerdigung der Ehefrau des Landwirts Chr. Brüne, gt. Kötter dahier durch einen Apostolischen, Heinrich Pinkel aus Kassel statt. Da dieses nicht allein Anstoß, sondern geradezu den höchsten Unwillen und das größte Ärgerniß hier erregt, so erlaubt sich der Gemeinderat Fürstl. Consistorium mit einer Bitte zu nahen. Ehe diese ausgesprochen wird, wird Folgendes unterbreitet. Zum größten Leidwesen der Gemeinde breitet sich diese Sekte immer weiter aus. Daß indessen es soweit kommen würde, daß ein Fremder, der sich nicht einmal legitimieren konnte, ohne Erlaubniß, sogar gegen das ausdrückliche Verbot des Herrn Pfarrers und des Bürgermeisters eine öffentliche Begräbnisfeier abhält, glaubt niemand. Im katholischen Ornate hielt der obengenannte Mann, sowohl im Leichenhause als auch auf dem Friedhofe Reden. […] Durch dieses Vorgehen giebt eine Sekte deutlich zu erkennen, daß ihr unsere Landeskirche mit ihren Einrichtungen gar nichts mehr gilt. Sollte nach den Gesetzen eine strafbare Handlung von seiten des Fremdlings vorliegen, so bittet der Gemeinderat um Stellung eines diesbezüglichen Strafantrags. Nur dem

---

[266] Heinrich Pinkel, ab 1889/1892 in Kassel, dort als Priester-Prophet bis zu seinem Tod 1928. Angaben aus dem Archiv der KAG Kassel.
[267] Mitteilung Pfr. Weiß an das Konsistorium vom 26.4.1892. Acta Adorf/9.
[268] Durch Bürgermeister Pohlmann beglaubigte Abschrift des Schreibens des Gemeinderats Rhenegge an das Konsistorium in Arolsen, 20.4.1892. Acta A-dorf/8.

Umstande, keine Gewaltthätigkeit zu begehen, hat es der Prediger zu verdanken, daß er unseren Totenhof betreten und unsere Kirche beschimpft."

Aus den Ereignissen ergaben sich zwei Fragen, die vonseiten des Konsistoriums geklärt werden mussten: War die Entscheidung des Pfarrers, die Beerdigung der Karoline Brüne zu verweigern, rechtens? War sie als Mitglied der evangelischen Landeskirche zu betrachten? Und wie war im Hinblick auf Beerdigungen bzw. Grabreden von Personen vorzugehen, die keiner Religionsgemeinschaft angehörten, die in Waldeck anerkannt war?

Zur Klärung der ersten Frage wurde das Beschwerdeschreiben des Chr. Brüne vom 28.4.1892[269] dem Pfarrer übersandt mit der Bitte um eine Stellungnahme und Erklärung des Falles. In diesem Brief beklagt Brüne, mit seiner Frau bereits seit vorigem Jahr „vom H. Abendmahl exkommuniciert" zu sein.

„Folgedessen hat meine Frau auch auf dem Sterbebette das Hl. Abendmahl durch einen Diener der apostolischen Gemeinde empfangen müssen. Es ist Ihnen bewußt, daß wir uns nicht von der Kirche trennen, von keiner Kirchlichen Gemeinschaft der wir angehören, freilich sehen wir jetzt nicht mehr den Tisch, sondern das Sacrament auf demselben an, daß alle, die es empfangen in eine Einheit zusammenschließt. Wir freuen uns über jeden Fortschritt kirchlichen Lebens in der ganzen Kirche, mag sie sich nennen wie sie will. Wir glauben, das der Herr im Himmel das Haupt seiner Kirche ist und nur die ganze Kirche als eine heilige katholische u apostolische kennt in der wir eine kleine Gemeinde sind."

Pfarrer Weiß antwortet an das Konsistorium mit Datum vom 10.5.1892 und erläutert seine Gründe für die Ablehnung des

---

[269] Acta Adorf/12.

Begräbnisses: Der Grund seines Vorgehens gegen die apostolische Gemeinde sei „ihre besondere Abendmahlsfeier, denn die evangelische Kirche kennt nur einen Tisch des Herrn, an dem ihre ordnungsmäßigen berufenen Diener des Amtes walten."[270] Der Wunsch, innerhalb der Landeskirche zu verbleiben, sei „wohlberechnete Taktik".[271]

Im Konsistorium gab es nicht nur Zustimmung zu diesem Vorgehen. Ulrich Scipio merkt auf dem Bericht des Pfr. Weiß mit Datum vom 20.5.1892 an:

> „In der vorliegenden Angelegenheit kann ich das Verhalten des Pf. Weiss insofern nicht korrekt finden, als er die nachgesuchte geistliche Begleitung einer Verstorbenen abgelehnt hat, welche noch nicht aus dem kirchlichen Gemeinschaftsverband ausgetreten war, also noch zu den Parochianen[272] des Pf. W. gehörte. Das Begräbnis derselben hätte ihm eine besondere Gelegenheit gegeben, in seiner Stellung als Kirchspielsgeistlicher zu wirken. Ich schlage vor, dies dem Pf. W. für etwa vorkommende Fälle zu sagen".[273]

Robert Ebersbach widerspricht jedoch: „M. E. sind die Rhenegger Irvingianer als thatsächlich aus dem kirchlichen Gemeindeverband ausgeschieden zu betrachten, [...] deshalb bin ich dafür, daß von der Mißbilligung seines Vorgehens abgesehen wird." Nachgiebigkeit sei die falsche Strategie.[274]

---

[270] Bericht Pfr. Weiß an das Konsistorium vom 10.5.1892. Acta Adorf/13.
[271] „Jede Nachgiebigkeit gegen diese, durchaus unevangelische, schwärmerische Sekte schließt darum große Gefahr ein. Von dieser Erkenntnis ist auch mein ganzes Verfahren gegen die Sekte in meinem Kirchspiele geleitet. Und daß ich den rechten Weg gewählet habe, zeigt der jetzt schon vorliegende Erfolg, indem verschiedene Familien schwankend geworden sind in ihrer Anhänglichkeit zur Sekte. Wenn nun auch Hohe Behörde möglichst bald einschreiten wird, wird diese isolierte Gemeinschaft sehr rasch ersterben."
[272] Pfarreiangehörige, abgeleitet von „Parochie" (Pfarrei).
[273] Ebda.
[274] Ebda.

Es wird deutlich, dass die rechtliche Stellung der Angehörigen der KAG als Glieder der Landeskirche einer Klärung bedurfte. Ebenso sollte die Frage der Grabreden geklärt werden: „Nur möchte ich noch bitten, daß der in letzter Sitzung gefaßte Beschluß wegen des Haltens von Grabreden seitens dazu nicht Befugter gleichzeitig zur Aufzählung gelangte und daß [...] die einzelnen Kirchenvorstände veranlaßt würden, eine von den Ortspolizeibehörden zu erlassende bezügliche Verordnung zu erwirken".[275] Ein Vermerk von R. Ebersbach sieht vor, die Kirchenvorstände zu beauftragen, beim Ortsbürgermeister ein polizeiliches Verbot von Grabreden durch Personen zu erwirken, die nicht der Landeskirche oder einer in Waldeck mit Korporationsrechten bestehenden Religionsgesellschaft angehören. Dazu solle eine Verfügung entworfen werden.[276]

Chr. Brüne richtete eine weitere Beschwerde an den Waldeckischen Landesdirektor von Saldern. Aus der Antwort lässt sich erschließen, dass er vermutete, seiner Frau sei auf dem Friedhof in Rhenegge ein unpassender Platz zugewiesen worden. Ebenso fragte er, ob das Verweigern des Beerdigungsgeläuts für seine Frau zulässig gewesen sei. In einem internen Vermerk durch R. Ebersbach wird erneut festgestellt: „In Waldeck fehlen leider Vorschriften darüber, welche Personen Grabreden halten dürfen; wir beabsichtigen nicht aus Anlaß wiederholter unliebsamer Vorfälle, auf den Erlaß [von] Polizeiordnungen hinzuwirken."[277] Der Landesdirektor antwortete Chr. Brüne:

„[D]aß nach den eingegangenen Erkundigungen Ihnen als Grab für Ihre verstorbene Ehefrau keineswegs ein ‚geächteter‘ oder unpassender Platz auf dem dortigen Friedhofe angewiesen worden ist, und daß die Kirchenglocken aus dem

---

[275] Vermerk Konsistorialrat Köthe vom 30.4.1892 auf dem Referat über die Irvingianer im Kirchspiel Adorf. Acta Adorf/10.

[276] Vermerk Konsistorialdirektor Ebersbach vom 5.5.1892 ebda. Ein solcher Erlass lässt sich jedoch weder in diesem noch in den Folgejahren in den Waldeckischen Gesetzesblättern nachweisen.

[277] 28.6.1892. Acta Adorf/16.

evangelischen Kirchenvermögen angeschafft, also als Eigenthum der Kirche anzusehen sind und unter dem Verfügungsrecht der Kirchenbehörde stehen. Der dortige Friedhof selbst gehört der politischen Gemeinde. Der Bürgermeister als Vertreter der letzteren hat deshalb, in Ermangelung allgemeiner Vorschriften darüber, allerdings das Recht und die Pflicht, im Einzelfalle zu bestimmen, ob bei Beerdigungen andere Personen, als Geistliche einer der im Lande anerkannten Religions-Gesellschaften, Grabreden, besondere Gebete etc. halten dürfen, oder nicht."[278]

Die Klärung des kirchenrechtlichen Status: Ausgetreten, ausgeschieden, ausgeschlossen?

Bereits nach dem Eingang des ersten Berichts von Pfr. Weiß an das Konsistorium[279] erfolgte eine Anfrage des Waldeckischen Konsistoriums an das königliche Konsistorium in Kassel:

„Die Sekte der Irvingianer hat, soweit uns bekannt, von Cassel aus beeinflusst, auch in der diesseitigen Landeskirche etwas Boden gewonnen und trachtet nach weiterer Ausbreitung, ohne die Absicht des Austritts aus der Landeskirche auszusprechen. Da der Irvingianismus in der Kirche der Provinz Hessen-Nassau größere Ausdehnung und ausgeprägtere Organisation gewonnen hat, so ersuchen wir das königliche Konsistorium ergebenst, uns über das Verhalten der genannten Sekte zur dortigen Landeskirche, und namentlich darüber gefällige Mitteilung machen zu wollen, ob eine förmliche Trennung von der Landeskirche, beziehungsweise ob dieselbe durch ausgesprochenen freiwilligen Austritt oder durch amtliche Ausschließung erfolgt sei."[280]

---

278 Abschrift des Briefes des Landesdirektors von Saldern an Chr. Brüne vom 8.7.1892. Acta Adorf/17.
279 Bericht vom 4.5.1891. Acta Adorf/2.
280 Vermerk vom 25.11.1891. Acta Adorf/3.

Die ausführliche Antwort des Kasseler Konsistoriums erfolgte am 18.12.1891.[281] Der Bericht fasst zunächst kurz die Lehre der KAG zusammen. Ein Widerspruch bestehe darin, dass die „Irvingianer" keine Kirche neben den bestehenden sein wollten und auch aus den diesen nicht austräten, auch die Gnadenmittel der bestehenden Kirchen als solche ansähen, durch welche Gott wirke. Gleichwohl spreche man diesen aber die Kraft ab, „die Seelen für die Zukunft Christi zu bereiten und zu sammeln. Darum lassen sie denn auch ein amtliches Handeln durch ihre Apostel, Engel und Evangelisten geschehen, welches als durch nicht rite vocati vollzogen mit den Ordnungen der bestehenden Kirchengemeinschaften in Widerspruch steht."

Die evangelische Kirche könne zwar unterschiedliche Auffassungen in der Heilslehre ertragen, ohne sofort mit Kirchenzucht und Exkommunikation zu reagieren, jedoch könne sie nicht zulassen, wenn nicht autorisierte oder ordentlich berufene Personen amtliche Handlungen, namentlich Sakramentsspendungen, innerhalb ihres Gebietes ausübten. Gegen die betreffenden Gemeindeglieder, die solche Handlungen in Anspruch nähmen, habe man daher kirchendisziplinarisch vorzugehen.

Das Schreiben referiert im folgenden kirchenregimentliche Erlasse, die im Aufsichtsbezirk des Kasseler Gesamtkonsistoriums ergangen sind. Zunächst eine Verfügung des Marburger Konsistoriums[282] vom 6.11.1862, das dem „Umsichgreifen des in der Umgegend von Marburg durch die Wirksamkeit des Professors der Theologie Jos. Thiersch in viele lutherischen Gemeinden eindringenden Irvingianismus" zu wehren.[283] Ferner eine Verfügung des Kasseler Konsistoriums vom 24.5.1869, die

---

[281] Acta Adorf/4.

[282] Vgl. oben Anmerkung 195 zu den drei Provinzialkonsistorien. Nach der Eingliederung Kurhessens in die preußische Provinz Hessen-Nassau 1866 wurde ein zentrales Gesamtkonsistorium in Kassel gebildet. Vgl. Erhart, Kirche, S. 164-166.

[283] Zu Thiersch siehe oben Abschnitt 4.2.

notwendig geworden war, da auch in Kassel von katholisch-apostolischen Geistlichen Handlungen an Mitgliedern der Landeskirche vollzogen worden waren. Genannt werden Pfarrer Ruckert und Dr. Roßteuscher.[284] Ebenso sei es mit Hinweis auf eine Polizei-Verordnung vom 7.8.1878 den Geistlichen der KAG untersagt, auf christlichen Friedhöfen Grabreden zu halten. Ihre Tätigkeit sei auf das Halten herkömmlicher liturgischer Gebete zu beschränken. Geistliche der Landeskirche, die dem „Irvingianismus" zuneigten, seien so lange im Dienst gehalten worden, solange sie in ihrem Amt keine „Propaganda machten" oder ihre Zugehörigkeit zur KAG durch „concludente Handlungen" wie etwa den Empfang der Versiegelung offenkundig bezeugten. Dies sei aber insgesamt nur in drei Fällen vorgekommen.[285] Infolge dieser Verfügung sei der „Austritt bzw. Ausschluß" einer beträchtlichen Anzahl „Irvingianer" aus der Landeskirche in Marburg und Umgegend und in Kassel, wo sich besondere Gemeinden mit Amtsträgern gebildet hätten, erfolgt. In den übrigen Landesteilen hielten sie sich zumeist an die Landeskirche, sowohl im Gottesdienstbesuch wie im Sakramentsempfang.

---

[284] Zu Roßteuscher siehe oben Abschnitt 4.2.

[285] Genannt werden die Jahre 1869, 1870 und 1880, jedoch ohne Namen. Vermutlich handelt es sich um folgende Personen: Pastor Georg Müller, Pfr. in Ehringen, 1860 in Magdeburg versiegelt, 1866 zum Priester berufen, 1869 ordiniert, Priester in Berlin, 1870 zum Engel geweiht und Engelgehilfe, 1876 Nachfolger von Pastor Rothe als Engel der Berliner Gemeinde, gest. 1881 in Dover nach längerem Aufenthalt in Albury;
Pfr. Friedrich Wigand (* 1825 Treysa), vor 1855 bis mindestens Mai 1870 Pfarrer in Ziegenhagen, 1869 zum Priester berufen, im Mai 1870 ordiniert, seitdem Priester in Kassel, 1871 zum Engel geweiht und Nachfolger Roßteuschers als Engel in Kassel, 1876 Engel in Elberfeld-Barmen, gest. 1895; Pfr. Ernst Reimann, zum Priester berufen 1880, ordiniert 1881, zunächst Priester in Kassel, danach in Halle/Saale, 1886 zum Engel geweiht, seit 1887 Engel in Kassel, seit 1890 in Wiesbaden, 1893 kurzzeitig in Stuttgart, danach als Ältester in Frankfurt/M. Angaben aus den Archiven der KAG.

Das Dekret des Kasseler Konsistoriums vom 24. Mai 1869 spricht davon, dass den Mitgliedern der katholisch-apostolischen Gemeinde ein Versprechen abzunehmen sei:

„1, Den Mitgliedern der apostolischen Gemeinde von den betroffenen Geistlichen persönlich eröffnen zu lassen, wenn sie nicht zusagten, das Wort Gottes, die Sakramente und die actus ministeriales[286] von den zuständigen Pfarrern der Landeskirche zu nehmen und nicht von Solchen, die von letzterer nicht berufen und bevollmächtigt sind;

2, wenn diese Zusage versagt wird, auszusprechen, dass die Mitglieder der apostolischen Gemeinde nicht mehr unserer Kirche angehören, und dies sowohl der apostolischen Gemeinde, als auch den Pfarrern unserer Kirche, letzteren mit der Weisung zu eröffnen, daß sie in Zukunft die Mitglieder jener Gemeinde auch nicht mehr als ihre Parochianen zu behandeln haben".

Mit dem Datum vom 29. April 1892 verfasste Ulrich Scipio ein „Referat" über die „Irvingianer" im Kirchspiel Adorf. Darin bezieht er sich auf die Berichte des Gemeinderates und von Pfr. Weiß vom 20. Und 26. April 1892. Diese hätten deutlich gemacht, dass ein Einschreiten des Kirchenregiments unausweichlich sei.[287] Er empfiehlt, in der Behandlung der KAG „möglichst parallel mit dem Kasseler Konsistorium" zu gehen, auch „weil die Rhenegger Sekte sich nur als eine Filiale der in Kassel befindlichen gebärdet."[288]

Es solle den Mitgliedern der Gemeinde eröffnet werden, dass sie nicht weiter als Mitglieder der Landeskirche betrachtet würden, wenn sie nicht das bindende Versprechen abgäben, Sakramente und geistliche Handlungen nur in der Landeskirche zu empfangen. Unterbleibe dieses Versprechen, sei

---

[286] Amtshandlungen.
[287] Acta Adorf/10.
[288] Die Gemeinde Rhenegge war zeit ihres Bestehens eine Filiale der Gemeinde Kassel und hatte zu keinem Zeitpunkt einen eigenen Engel.

auszusprechen, dass sie nicht mehr der Landeskirche angehören. Eine solche „Ausschließung" solle ferner durch die Geistlichen von der Kanzel herab zur Kenntnis der Gemeinde gebracht werden. Ein entsprechendes Schreiben wurde im Mai 1892 durch Ulrich Scipio entworfen und ein Bericht über Ausführung und Erfolg des Auftrags erbeten.[289]

Diesen erstattete Pfarrer Weiß am 14. Juni 1892.[290] Zwei Mitglieder hätten sich von der KAG abgewendet, während 16 Personen das geforderte Versprechen verweigert hätten und daher

„als nicht mehr der evangelischen Landeskirche angehörig angesehen werden mussten:

In Adorf: Fritz Arnold, Schmied
Friedr. Becker, Wagner
Fritz Becker, Arbeiter
Karl Klöser, Maurer
Heinrich Urf, Schiefer[decker]

In Rhenegge:
Wilh. Arnold, Stellmacher
Karl Flamme, Schneider
Karl Rauch, Schuhmacher
Christ. Steede, Schneider
Friedr. Fießeler, Stellmacher
Christ. Fried. Schlüter, Schmied
Anton Schlüter, Schmied
Christ. Friedr. Brüne, Landwirt

---

[289] Acta Adorf/11. Der Entwurf trägt kein Datum, eine Anmerkung von Konsistorialrat Köthe ist auf den 9. Mai datiert, im Aktenstück 14 wird auf die Verfügung mit dem Datum vom 13.5.1892 Bezug genommen, vgl. Acta Adorf/14.
[290] Acta Adorf/14.

In Wirmighausen:
Christ. Frese v. Dahlmann

In Giebringhausen
Wilh. Arnold, Stellmacher
Christian Weidemann, Kaufmann"

Die Namen wurden von der Kanzel herab bekannt gemacht. Durch die Gemeinden des Kirchspiels gehe ein „Gefühl der Befriedigung und des Dankes, daß hohe Landeskirchenbehörde sich so thatkräftig ihrer Besorgnisse angenommen hat."

Der von Weiß gebrauchte Ausdruck „Ausschluß" forderte jedoch den Widerspruch des Konsistorialdirektors Ebersbach heraus. In einem Vermerk vom 25.6.1892 stellte er fest, Pfarrer Weiß habe in Übereinstimmung mit der Verfügung gehandelt. Dies stehe im Einklang mit dem Schreiben des Kasseler Konsistoriums und beruhe auf dem Verständnis, „daß der Übertritt in eine religiöse Sekte von selbst – eo ipso – den Austritt aus der Landeskirche in sich schließt, weil darin eine concludente Handlung der Sektierer liegt, die nur als – stillschweigender – Austritt aus der bisherigen Religionsgemeinschaft aufgefaßt werden kann, da Landeskirche und Sekte incompatibel sind." Dies solle durch den Ortsgeistlichen festgestellt werden. Jedoch: „Zum Ausschluß der Irvingianer aus der Landeskirche liegt keine Berechtigung vor; aber wäre eine Kirchenstrafe, die nicht verhängt werden kann, weil es an einem entsprechenden Strafgesetze fehlt Nulla poena sine lege[291]." Pfarrer Weiß solle entsprechend instruiert werden.

Dies geschah mit Datum vom 28. Juni 1892:

„In Erwiederung Ihres Berichts vom 14. d. M. machen wir Sie zur Vermeidung von Mißverständnissen und auch mit Rücksicht auf etwaige zukünftige Fälle darauf

---

[291] Lat. Rechtsgrundsatz: keine Strafe ohne Gesetz.

aufmerksam, daß es sich nicht um den Ausschluß reniten-
ter Irvingianer handelt, sondern um die öffentliche Consta-
tirung ihres – stillschweigenden – Ausscheidens."

Die Betroffenen waren für derlei feine Unterscheidungen nicht
empfänglich. Am 24. Oktober wandte sich Carl Flamme brieflich an das Konsistorium.[292] Da die Pfarrer am ersten Pfingsttag
öffentlich erklärt hätten, er und seine Familie seien „von allen
kirchlichen Segnungen ausgeschloßen", frage er an, ob er damit
auch von den Abgaben an die Adorfer Kirche ausgeschlossen
sei. Das Konsistorium antwortete ihm am 29. Oktober 1892,
dass er nach wie vor alle kirchlichen Reallasten[293] zu tragen
habe, aber von den persönlichen Abgaben für die Kirche und
Kirchendiener befreit sei. „[F]erner, daß Sie nicht von der Kirchenbehörde aus der Landeskirche ‚ausgeschloßen', sondern
von derselben als stillschweigend ausgetreten angesehen und
dementsprechend behandelt werden."[294]

---

[292] Acta Adorf/15.
[293] Reallasten bezeichnen Grundbesitzabgaben kirchlicher Grundstücke.
[294] Acta Adorf/15.

VI. Fazit

Mit den KAG entstand in den Jahren ab 1835 eine Gemeinschaft, die auf einzigartige Weise evangelikale, charismatische und katholisch-hochkirchliche Elemente miteinander verband. Diese singuläre Synthese trug zur Faszination und zu einem bemerkenswerten Wachstum bis zum Beginn des 20. Jahrhunderts bei. Zugleich hielt sie die KAG aber auch in einer Distanz zu anderen Strömungen der Erweckungsbewegung oder anderen religiösen Gruppen der Zeit.

Für die Mehrheit der evangelikalen Bewegung erschienen die charismatischen und katholisch-hochkirchlichen Elemente befremdlich. Zwar gab es Überschneidungen im Schriftverständnis, jedoch waren die symbolischen und typologischen Auslegungen der KAG weitab des evangelikalen Mainstreams. Mit der hochkirchlichen Bewegung in England[295] und dem neulutherischen Konfessionalismus in Deutschland bestanden Berührungspunkte im Hinblick auf Liturgie, Sakramente und die Orientierung an altkirchlichen Quellen. Jedoch waren für sie ebenfalls die charismatischen Elemente sowie das Verständnis des apostolischen Amtes nicht annehmbar. Die Ablehnung historisch-kritischer Exegese und liberaler Tendenzen in Politik und Gesellschaft schufen eine Distanz zur allgemeinen kirchlichen und gesellschaftlichen Entwicklung. Die Fokussierung der Gemeinden auf die baldige Parusie und die Sammlung der Erstlinge führte dazu, dass sie sich in den zahlreichen Werken und Vereinigungen der Erweckungsbewegung nicht engagierten. Dies gilt auch für die Gemeinde in Rhenegge: Während es zwischen unterschiedlichen Zweigen der Erweckungsbewegung in Waldeck intensive Kontakte und gegenseitigen Austausch gab, ist dies für die KAG nicht nachweisbar.[296] Erst nach dem Aussterben der Hierarchie und dem Rückgang der eigenen Gemeindetätigkeit schlossen sich einzelne Gemeinde-

---

[295] Vgl. Flegg, Gathered, S. 448.
[296] Vgl. Kraft, Erweckungsbewegung.

glieder anderen erwecklichen oder freikirchlichen Gruppen in der Region an.[297]

Die KAG vertraten eine konsequent weite Ekklesiologie, die auf der Taufe gründete, und eine Offenheit, die die gesamte Christenheit in den Blick nahm und ihre Sendung als Auftrag an die allgemeine Kirche verstand. Diese ökumenische Gesinnung nahm Überzeugungen vorweg, die erst im 20. Jahrhundert in der ökumenischen Bewegung breit rezipiert wurden.[298] Sie wurde begleitet von einem Anspruch der Apostel auf Autorität über die gesamte Christenheit. Zwar wurde zu keiner Zeit beansprucht, nur die Zugehörigkeit zur eigenen Gemeinschaft verbürge das Heil – explizit wurden auch Angehörige anderer Kirchen zu den Erstlingen gezählt – jedoch musste die Aussage, in den bestehenden Kirchen werde die Gnade nur eingeschränkt oder unvollkommen vermittelt, zum Widerspruch und zu Spannungen führen, zumal nicht konkretisiert wurde, was dies bedeutete. Die Strategie der Missionstätigkeit sah vor, getaufte Mitglieder der bestehenden Kirchen für die Sendung der Apostel zu gewinnen. Das führte zu einer Auseinandersetzung mit den Amtsträgern der bestehenden Kirchen. Während für Heinrich Thiersch in Marburg aufgrund seiner Stellung und seiner persönlichen Kontakte die Möglichkeit zur theologischen Diskussion gegeben war, war der theologische Austausch zwischen den Pfarrern und den Vertretern der KAG in Rhenegge eingeschränkt und fand vorwiegend schriftlich und nicht auf gleicher Augenhöhe statt.[299] Bemerkenswert ist der Unterschied in der Tonlage: Alle Dokumente von katholisch-

---

297 Etwa der Freien evangelischen Gemeinde in Flechtdorf oder der Landeskirchlichen Gemeinschaft in Korbach.

298 Das Verständnis der Kirche als Gemeinschaft aller Getauften findet sich in der Konvergenzerklärung der Kommission für Glaube und Kirchenverfassung des Ökumenischen Rates der Kirchen von 1982, vgl. Taufe, Eucharistie und Amt, Nr. 6. Die führte u.a. zu einer Erklärung der wechselseitigen Taufanerkennung von 11 Mitgliedskirchen der Arbeitsgemeinschaft Christlicher Kirchen in Deutschland im Jahr 2007.

299 Vgl. Acta Adorf/5 und 6.

apostolischer Seite lassen jegliche Polemik vermissen und sind irenisch im Ton. Die theologische Grundposition der Anerkennung aller bestehenden Kirchen und der Loyalität ihrer Glieder zu ihnen spiegelt sich in den vorliegenden Dokumenten wider. Hingegen fallen in den Dokumenten von landeskirchlicher Seite polemische und pejorative Passagen auf. Neben einer wiederkehrenden Krankheitsmetaphorik im Hinblick auf die KAG gibt es mehrere Passagen, in denen ihnen Hinterhältigkeit, Heuchelei, Heimlichtuerei und eine versteckte Agenda unterstellt werden.

Obwohl es Missverständnisse und Irrtümer in den Darstellungen der Pfarrer gibt, ist das theologische Kernanliegen der KAG von diesen wie auch von den Konsistorien in Arolsen und Kassel zutreffend erfasst und wiedergegeben worden. Diesem wurde in adäquater Weise aus der Mitte des evangelischen Selbstverständnisses heraus mit dem Suffizienzargument begegnet, es sei kein „Mehr" an Ämtern, Ordnungen und Riten notwendig, um des Heils teilhaftig zu werden.

Die untersuchten Dokumente offenbaren einen Dissens vor allem im Hinblick auf den Kirchenbegriff. Die katholisch-apostolischen Autoren sprechen von der Kirche immer im umfassenden Sinn, beziehen diesen also auf die universale Kirche und sehen sich selbst lediglich als Teil derselben (ein Anspruch, den sie vehement verteidigen). Die Dokumente von landeskirchlicher Seite hingegen verwenden den Kirchenbegriff fast ausschließlich mit Bezug auf die eigene Institution und damit auf die partikulare und regionale Ausprägung der Kirche. Die Vertreter der Konsistorien sehen sich als die in ihrer Region einzig legitime Ausprägung der Kirche, unter deren Aufsicht alle sakramentalen Handlungen stehen und deren Teilhabe die Teilnahme an anderen sakramentalen Akten ausschließt. Es zeigt sich darin das Fehlen eines Konzeptes von konfessioneller Pluralität wie auch ein mangelndes Konzept von Katholizität sowohl in lokaler wie in historischer Hinsicht. Das Argument der katholisch-apostolischen Gemeindeglieder, durch Ablegen eines Exklusivitätsversprechens die Katholizität der Kirche zu verleugnen, ist begründet. Zugleich kompromittierte die Landeskirche durch die Forderung eines solchen Versprechens aus Angst vor Selbstaufgabe ihr Selbstverständnis als Teil der universalen Kirche.

Der Anlass für das Vorgehen der Landeskirche gegen die KAG war nicht deren theologische Überzeugung, sondern die eigene Sakramentsverwaltung. Diese wurde in doppelter Hinsicht als Eingriff in die kirchlichen Rechte der Waldeckischen Landeskirche verstanden: zum einen durch Sakramentsverwaltung außerhalb der eigenen Institution (der „eigene Tisch"), zum anderen durch Geistliche, die nicht im Sinne des eigenen Bekenntnisses als *rite vocati*[300] angesehen wurden. Die Befragung der Konfirmanden untersucht daher explizit, welche liturgischen Handlungen in welcher rituellen Form und durch wen vollzogen wurden. Dieser Ansatz deckt sich auch mit den sonst in Waldeck gegenüber religiösen Minderheiten angewandten Verfahren.[301]

Die Maßnahmen, die vonseiten des Konsistoriums erwogen und ergriffen wurden, bewegten sich auf unterschiedlichen Ebenen: Sie begannen bei einer verstärkten seelsorglichen Zuwendung, reichten über den Ausschluss vom Abendmahl (Exkommunikation), Verweigerung von Beerdigungen über das Verlangen des Versprechens, Sakramente und Amtshandlungen ausschließlich durch Geistliche der Landeskirche zu empfangen, bis hin zur Androhung des Ausschlusses aus der Landeskirche. Diese hatten nicht nur religiöse Bedeutung, sondern wie im Fall des Beerdigungsgeläutes auch sozial ausschließende Funktion. Der Begriff der Exkommunikation wird in den Quellen nicht einheitlich verwendet. Er bezeichnet sowohl den

---

[300] Lat. „ordnungsgemäß berufen", vgl. CA XIV.
[301] Vgl. dazu den Briefwechsel zwischen Wilhelm Wiesemann mit dem Waldeckischen Konsistorium über die Abendmahlsfeiern in Böhne, in denen ähnliche Fragen im Hinblick auf die rituelle Form der Abendmahlsfeier gestellt werden, siehe: Kraft, Erweckung, S. 130. Ebenso: Wiesemann, Gewissen, S. 55-60.

(temporären) Ausschluss vom Abendmahl als erste Diszipli-
narstufe wie auch den Ausschluss aus der Landeskirche insgesamt als deren höchste Stufe. Die einzelnen Maßnahmen ent-
behrten dabei nicht einer gewissen Widersprüchlichkeit, wenn
verlangt wurde, Sakramente und Amtshandlungen nur von
landeskirchlichen Pfarrern vornehmen zu lassen, diese aber zuvor oder zeitgleich verweigert wurden. Besonders im Hinblick
auf einen Ausschluss aus der Landeskirche ist eine gewisse Un-
sicherheit des Konsistoriums erkennbar. Während andere religiöse Minderheiten in Waldeck wie Baptisten oder Darbysten
aus der Landeskirche austraten, lehnten die Angehörigen der
KAG einen solchen Schritt ab. Er wurde daher von der Landeskirche vollzogen. Ein Ausschluss erschien kirchenrechtlich aber
nicht möglich. Man zog sich auf die Formulierung zurück, das
Ausscheiden festzustellen, das die Mitglieder der KAG durch
ihr Verhalten selbst vollzogen hätten. Ein solcher „Selbstaus-
schluss" war von den Betroffenen freilich weder intendiert
noch akzeptiert, er widersprach ihrem Selbstverständnis und
Willen.

Die untersuchte Akte enthält nicht nur Schriftstücke kirchlicher
Akteure sowohl der lokalen wie der staatlichen Ebene, sondern
auch Aktenstücke des Gemeinderates und des Landesdirekto-
riums. Dass auch der Rhenegger Gemeinderat eine Eingabe an
das Konsistorium richtete und um Klärung der Situation bat,
belegt, dass das soziale Gefüge des Dorfes durch das Auftreten
einer neuen religiösen Gruppe empfindlich gestört wurde. Der
Streitfall um die Beerdigung von Karoline Brüne dokumentiert,
dass der Konflikt soziale und politische Dimensionen aufwies.
Die bis dahin bestehende Monokonfessionalität des Dorfes
wurde aufgebrochen, Kirchengemeinde und Bürgergemeinde
waren nicht mehr deckungsgleich. Das hatte Auswirkungen
auf das Verhältnis von staatlicher und kirchlicher Verwaltung
und warf Fragen auf: Wer legt fest, welches Rederecht auf dem
öffentlichen Friedhof gilt? Gibt es ein Recht zur Verweigerung
von Beerdigungsgeläut? Welche Abgaben sind von Nichtkir-
chenmitgliedern für kirchliches Eigentum zu entrichten? Hier

wurden Klärungsprozesse eingeleitet, die sich im Zuge religiöser Ausdifferenzierungsprozesse moderner Gesellschaften zunehmend stellten und vom Konsistorium an das Landesdirektorium weitergegeben wurden.

VII. Schlussbemerkung

Die KAG in Rhenegge blieb in Waldeck-Pyrmont eine singuläre Erscheinung. Sie bestand bis zum Ende der 1960er Jahre. Die Gemeinden in Marburg und Kassel bestehen bis heute. Zwar waren die KAG zu keinem Zeitpunkt eine Massenbewegung, jedoch entfalteten sie Einfluss und Wirksamkeit über die Kreise ihrer Mitglieder hinaus. Aus den anfangs dargelegten Gründen leben die Gemeinden heute sehr zurückgezogen. Aus ökumenischer Sicht ist dies zu bedauern. Gewiss sind aus historischer und exegetischer Sicht heute Anfragen an die katholisch-apostolische Lehre vom Apostolat und die biblische Begründung der Eschatologie zu richten. Ihre Vision der kirchlichen Einheit, ihr reiches geistliches Schrifttum und nicht zuletzt ihre Liturgie waren jedoch als Muster und Vorbild für die gesamte Kirche gedacht. Sie wären es auch heute, wenn die Gemeinden sie in das ökumenische Gespräch einbrächten.

Aus kirchengeschichtlicher Sicht wäre wünschenswert, die ökumenische Vision der KAG als Vorläufer späterer Einheitsbestrebungen neu wahrzunehmen. Ihre Synthese aus evangelikalen, charismatischen und liturgisch-hochkirchlichen Elementen kann zudem als Vorbild moderner kirchlicher Konvergenzbewegungen[302] neu entdeckt werden.

---

[302] Als Beispiele wären etwa die internationale *Charismatic Episcopal Church* oder die *Communion of Evangelical-Episcopal Churches* zu nennen.

Verwendete Abkürzungen
CA: Confessio Augustana
KAG: Katholisch-apostolische Gemeinden
RGG: Religion in Geschichte und Gegenwart
TRE: Theologische Realenzyklopädie

Quellen und Literatur

1. Ungedruckte Quellen

Acta Adorf:
Acta betreffend die Irvingianer im Kirchspiel Adorf, Landes-
kirchliches Archiv Kassel C 1.4 Nr. 90.

Chronik Marburg:
Chronik der apostolischen Gemeinde in Marburg und der
Umgegend, von ihrer Stiftung im Jahre 1847 an. Begonnen von
Heinrich W. J. Thiersch. Handschrift und Typoskript. 3 Bände,
Bayerische Staatsbibliothek München, Thierschiana II, Nr. 93.

Acta Marburg
Acta die Gemeinde zu Marburg, Cassel Biedenkopf usw. und
die Rechte ihrer Mitglieder betreffend, Bayerische Staatsbibliothek München, Thierschiana II, Nr. 94.

2. Katholisch-apostolische Quellen

ALBRECHT, Ludwig, Abhandlungen über die Kirche, besonders
ihre Ämter und Gottesdienste, Berlin 1898.

ALBRECHT, Ludwig, Das Apostolische Werk des Endes. Zwei
Vorträge, o.Oa. 1924 (ebenso Apostolic Documents a-0155).

BÖHM, J. T. Charles, Schatten und Licht in dem gegenwärtigen
Zustand der Kirche. Neun Abhandlungen für unsere Tage,
neu herausgegeben von Thomas und Matthias Schrader, Hannover 2000 (erste Ausgabe Berlin 1855).

BORN, Karl, Das Werk des Herrn unter Aposteln, wie es sich
im 19./20. Jahrhundert in den Katholisch-apostolischen Gemeinden vollzogen hat. Seine Entstehung, sein Fortgang und

sein Abschluß, Darstellung in Form einer Zeittafel, Bremen 1974.

CAPADOSE, Isaac, Zur Zeit der Stille, zwei Predigten gehalten am 25.5.1902 und 1.6.1902 in Albury, Apostolic Documents a-733.

CARDALE, John Bate, Die Handauflegung (Vorlesungen über die Liturgie Bd. I.2), Basel 1879 (ebenso Apostolic Documents a-612)

CARDALE, John Bate, Readings upon the Liturgy, zwei Bände in sieben Teilbänden, Reprint 1993, (digital Apostolic Documents b21-b27).

CARLYLE, Thomas [anonym, gemeinsam mit Charles Böhm], Die Kirche in unserer Zeit. Ein Wort an Geistliche und Laien, Apostolic Documents a-190.

CARLYLE, Thomas, The Moral Phenomena of Germany, London 1845.

CARLYLE, Thomas, Geschichte des Apostolischen Werkes in kurzer Übersicht, Berlin 1851 (digital Apostolic Documents a-0002).

CARLYLE, Thomas, Die Mosaische Stiftshütte. Ihre Einrichtung und ihr Cultus als Vorbild für die christliche Kirche, Frankfurt am Main 1847, neuer Abdruck Berlin 1899.

CARLYLE, Thomas, Blicke eines Engländers in die kirchlichen und socialen Zustände Deutschlands, Breslau 1870.

CARLYLE, Thomas, Der tägliche Gottesdienst nach dem Vorbild des goldenen Altars und seines Dienstes, Basel 1888.

CARLYLE, Thomas, Über die Symbole im Gottesdienst der Kirche, 3. Auflage Berlin 1899.

DOW, William, Die Einheit der Kirche. Beiträge zum Verständnis der christlichen Lehre, hg. von H. W. J. Thiersch, Frankfurt am Main 1858.

DOW, William, Wer sind unsere Brüder? Christenglaube und Christenhoffnung. Predigten und Abhandlungen, übersetzt und herausgegeben von Dr. Theodor Zangger, Band I/4, Apostolic Documents a-1354.

DRUMMOND, Henry, Dialogues on Prophecy, 3 Bände, 1827-1829.

DRUMMOND, Henry, Eine, Heilige, Katholische und Apostolische Kirche. Abhandlungen über die wahre Definition der Kirche. Doppelband Deutsch/Englisch, übersetzt von Balthasar Fernsemer, London 1858.

Hilfsbuch bei dem Unterrichte im Katechismus, Stettin 1874.

IRVING, Edward, Babylon and Infidelity: Foredoomed of God. A Discourse on the Prophecies of Daniel and the Apocalypse, which relate to these Latter Times, and until the Second Advent. Glasgow 1828.

JUAN JOSAFAT BEN-EZRA [i.e. Jose Lacunza], tr. by Edward Irving, The Coming of the Messiah in Glory and Majesty, 2 Bde., London 1827.

Die Liturgie sowie die anderen Gottesdienste der Kirche [norddt. Ausgabe], o. J., Nachdruck Siegen, 2007.
Liturgie [online-Ausgabe der süddeutschen Fassung], undatiert, in elf Heften unter: Apostolic Documents lit-01 bis lit-11.

NEWMAN-NORTON, Seraphim, Die Zeit der Stille. Geschichte der Katholisch-apostolischen Gemeinden 1901-1971, 3. Ausgabe, London 1975 (ebenso Apostolic Documents a-0658).

ROßTEUSCHER, Ernst Adolf, Der Aufbau der Kirche Christi auf den ursprünglichen Grundlagen. Eine geschichtliche Darstellung seiner Anfänge (Ap.-Gesch. 28,22), 4. Auflage, Nachdruck Siegen 1969.

ROßTEUSCHER, Ernst Adolf, Nähere Anweisung in Betreff der kirchlichen Gewänder und anderen Zeugstücke. Mit 5 Mustertafeln, Berlin 1880.

SCHOLLER, L. W., Pfarrer Lutz. Die Weissagungen von Karlshuld und der Anfang der apostolischen Kirche in Süddeutschland, Augsburg 1891 (Nachdruck 4. Aufl. Norderstedt 2014).

SITWELL, Francis, Licht zur Abendzeit. Über den Ratschluss Gottes in Schöpfung und Erlösung und seine allmähliche Entfaltung in und durch die Kirche, 3. Aufl., Berlin 1910.

Testimonium. Das Zeugnis der Apostel an die geistlichen und weltlichen Oberhäupter der Christenheit, aufgestellt im Jahre 1836. Ältere dt. Übersetzung vor 1886. Apostolic Documents a-0005.

THIERSCH, Heinrich W. J., 96 Thesen (Was ich glaube), auf Verlangen meines Schwiegervaters aufgestellt. Den 20ten November 1849, Transkript Apostolic Documents a-0075.

THIERSCH, Heinrich W. J., Inbegriff der christlichen Lehre, Basel 1886.

WIGAND, Paul, Heinrich W. J. Thierschs Leben (zum Teil von ihm selbst erzählt), Basel 1888.

WOODHOUSE, Francis Valentine, Eine Belehrung über die Stiftshütte, o.Oa., 1887.

WOODHOUSE, Francis Valentine [anonym], Erzählung von Begebenheiten welche die gegenwärtige Lage und die Aussichten der gesamten Kirche betreffen, Frankfurt am Main 1848.

3. Sekundärliteratur

ALGERMISSEN, Konrad, Konfessionskunde, 8. Aufl., neu bearbeitet von Heinrich Fries, Wilhelm de Fries SJ, Erwin Iserloh, Laurentius Klein OSB, Kurt Keinath, Paderborn 1969.

BAUCKHAM, Richard, Art. „Chiliasmus IV. Reformation und Neuzeit", in TRE 7, Berlin 1981, S. 737-745.

BAUM, Herbert, Kirche, in: Waldeckische Landeskunde, hg. von Bernhard Martin und Robert Wetekam, Korbach 1971, S. 421-430.

BENRATH, Gustav Adolf, Die Erweckung innerhalb der deutschen Landeskirchen 1815-1888. Ein Überblick, in: Gäbler, Ulrich (Hrsg.), Der Pietismus im neunzehnten und zwanzigsten Jahrhundert (Geschichte des Pietismus Bd. 3), Göttingen 2000, S. 150-271.

BOYER, Paul S., Art. „Chiliasmus IV. Nordamerika", in: RGG[4], Bd. 2, 1999, Sp. 140-141.

CURTZE, Carl, Geschichte der evangelischen Kirchenverfassung in dem Fürstenthum Waldeck, Arolsen 1850, S

DAVENPORT, Rowland A., Albury-Apostel, hg. von Thomas Schrader, Hannover 2004.

DEHM, Ulrich, Art. „Sekten. I. Religionswissenschaftlich", in: RGG⁴, Bd. 7, Tübingen 2004, Sp. 1144-1145.

EDEL, Reiner-Friedemann, Auf dem Weg zur Vollendung der Kirche Jesu Christi. Die oekumenische Sendung der katholisch-apostolischen Gemeinden an die Gesamtkirche Jesu Christi dargestellt in Leben und Wirken des Prof. Dr. Heinrich W. J. Thiersch, Marburg an der Lahn, 1971 (2. Auflage von „Heinrich Thiersch als oekumenische Gestalt" 1962).

EMDE, Alfred, Ortssippenbuch Adorf (Waldeckische Ortssippenbücher 57), Arolsen 1997.

ERHART, Hannelore, Die kurhessische Kirche nach der Annexion des Landes durch Preußen 1866 bis zum Jahr 1890, in: Rainer Hering und Volker Knöppel (Hgg.), Kurhessen und Waldeck im 19. Jahrhundert. Beiträge zur Kirchengeschichte, Kassel 2006, S. 153-200.

EBERLE, Matthias (Hg.), Die katholisch-apostolischen Gemeinden im Wandel der Zeit. Dokumentation des Interessiertentreffens zur Geschichte der apostolischen Gemeinschaften am 13. und 14. Oktober 2012 in Brockhagen, Steinhagen 2015.

ERNESTI, Jörg, Konfessionskunde kompakt. Die christlichen Kirchen in Geschichte und Gegenwart, Freiburg 2009.

FABER, George Stanley, A Dissertation on the Prophecies relative to the Great Period of 1,200 Years, the Papal and Mahomedan Apostasies, the Reign of Antichrist, and the Restoration of the Jews,' 2 Bde., 1807.

FIEDLER, Klaus, Art. „Evangelikale Bewegung II. Europa", in: RGG⁴, Bd. 2, Tübingen1999, Sp. 1696-1698.

FRERE, James Hatley, Eight Letters on the Prophecies relating to the last times; viz. The seventh vial, the civil and ecclesiastical prophetic periods, and the type of Jericho, London, 1831.

FLEGG, Columba Graham, Gathered Under Apostles. A Study of the Catholic Apostolic Church, Oxford 1992.

Fürstlich-Waldeckische Regierungsblätter, Mengeringhausen 1811-1918.

GÄBLER, Ulrich, Auferstehungszeit. Erweckungsprediger des 19. Jahrhunderts, München 1991.

GÄBLER, Ulrich (Hrsg.), Der Pietismus im neunzehnten und zwanzigsten Jahrhundert (Geschichte des Pietismus Bd. 3), Göttingen 2000.

GECK, Albrecht, Art. „Ivingianer/Irvingianismus", in: RGG[4], Bd. 4., Tübingen 2001, Sp. 239-240.

GELDBACH, Erich, Der Dispensationalismus, in: Theologische Beiträge 42/2011, S. 191-210.

GRASS, Tim, The Lord's Work. A History of the Catholic Apostolic Church, Eugene OR 2017.

Handbuch Religiöse Gemeinschaften. Freikirchen, Sondergemeinschaften, Sekten, Weltanschauungen, Missionierende Religionen des Ostens, Neureligionen, für den VELKD-Arbeitskreis Religiöse Gemeinschaften im Auftrage des Lutherischen Kirchenamtes hg. von Horst Reller und Manfred Kießig, 3. Aufl., Gütersloh 1985.

Handbuch Religiöse Gemeinschaften und Weltanschauungen, im Auftrag der Kirchenleitung der VELKD hg. von Hans Krech, Matthias Kleiminger, Gütersloh, 6. Aufl. 2006.

Handbuch Weltanschauungen, Religiöse Gemeinschaften, Freikirchen, im Auftrag der Kirchenleitung der VELKD herausgegeben von Matthias Pöhlmann und Christine Jahn, Gütersloh 2015.

HENKE, Manfred/DRAVE, Walter, Wo feierten katholisch-apostolische Christen das Abendmahl?, in: Unsere Familie 20/2005, S. 34-37.

HENKE, Manfred, Toleration and Repression. German States, the Law and the 'Sects' in the Long Nineteenth Century, in: Studies in Church History 56 (2020), S. 338-361.

HUTTEN, Kurt, Seher, Grübler, Enthusiasten. Das Buch der traditionellen Sekten und religiösen Sonderbewegungen, Stuttgart 1950; 12. A. ebd. 1982.

JORDAN, Stefan, Art. „Thiersch" in: RGG[4], Bd 8, Tübingen 2005, Sp. 364-365.

JORDY, Gerhard, Die Brüderbewegung in Deutschland, Band 1: Das 19. Jahrhundert: Englische Ursprünge und Entwicklung in Deutschland, Wuppertal 1979.

KRAFT, Thomas, Die zweite Erweckungsbewegung und die Entstehung freikirchlicher Gemeinden in Waldeck in den Jahren zwischen 1870 und 1930, in: Gbll Waldeck 106, 2018, S. 117-144.

MERTENS, Ernst: Die Gemeinde Jesu Christi mit ihren Einrichtungen nach der Heiligen Schrift, Witten 1897.

NEBELSIECK, Heinrich, Die Anfänge der neupietistischen Erweckungsbewegung in Waldeck und Pyrmont, in: Gbll Waldeck 38, 1938, S. 15-35.

NEMEC, Angelika, Geschichtsdarstellung und Geschichtstheologie der katholisch-apostolischen Gemeinden des 19. Jahrhunderts, in: Matthias Eberle (Hg.), Die katholisch-apostolischen Gemeinden im Wandel der Zeit. Dokumentation des Interessiertentreffens zur Geschichte der apostolischen Gemeinschaften am 13. und 14. Oktober 2012 in Brockhagen, Steinhagen 2015, S. 37-54.

NIPPERDEY, Thomas, Deutsche Geschichte 1800-1866. Bürgerwelt und starker Staat. 6. Aufl. München 1993.

OBST, Helmut, Apostel und Propheten der Neuzeit. Gründer christlicher Religionsgemeinschaften des 19. Und 20. Jahrhunderts. 4. Aufl. Göttingen 2000.

OELDEMANN, Johannes (Hg.), Konfessionskunde, Leipzig/Paderborn 2015, S. 381-383.

OSTERMEYER, Karl-Heinrich, Ostmeyer, Karl-Heinrich, „Typologie", in: RGG, abgerufen am 6.3.2022 http://dx.doi.org/10.1163/2405-8262_rgg4_SIM_125200.

PICKEL, G., Joh. Ev. Georg Lutz und der Irvingianismus im Donaumoos, in: Beiträge zur bayerischen Kirchengeschichte 16, 1910, S. 49-71.

POHLMANN, Fritz, Ortssippenbuch Rhenegge (Waldeckische Ortssippenbücher 71), Bad Arolsen 2003.

REIMER, Diether, Apostolische Bewegung, in: Friedrich Heyer, Konfessionskunde, Berlin 1977, S. 742-753.

REIMER, Hans-Diether, Art. „Katholisch-apostolische Gemeinde", in TRE 18, 1989, S. 40-43.

„Rhenegge, Landkreis Waldeck-Frankenberg", in: Historisches Ortslexikon <https://www.lagis-

hessen.de/de/subjects/idrec/sn/ol/id/1698> (Stand: 16.10.2018, abgerufen am 25.2.2022).

Sammlung von Gesetzen für Kurhessen, 1820-1866.

SCHLUCKEBIER, Friedrich Wilhelm, Sektenspiegel. Eine Untersuchung über die Bewegung der Sekten im Raume der Evangelischen Landeskirche von Kurhessen und Waldeck mit einem Geleitwort von Bischof D. Adolf Wüstemann, Kassel 1962.

SCHRÖTER, Johannes Albrecht, Die Katholisch-apostolischen Gemeinden in Deutschland und der „Fall Geyer", 3. Aufl., Marburg 2004.

SGOTZAI, Peter, Verzeichnis von Personen, die der KAG angehörten oder nahestanden, Beerfelden 2001 (Apostolic Documents e-010).

STOLLE, Volker, Vereinstätigkeit im Dienst kirchlicher Erneuerung. Eine Fallstudie über den Waldeckischen Missionsverein als Problemanzeige, in: Jürgen Diestelmann/Wolfgang Schillhahn (Hrsg.), Einträchtig lehren. Festschrift für Bischof Dr. Jobst Schöne, Groß Oesingen 1997, S. 443-472.

Taufe, Eucharistie und Amt. Konvergenzerklärungen der Kommission für Glauben und Kirchenverfassung des Ökumenischen Rates der Kirchen, Frankfurt am Main/Paderborn, 9. Aufl. 1984.

VOIGT, Karl-Heinz, Freikirchen in Deutschland. 19. und 20. Jahrhundert (Kirchengeschichte in Einzeldarstellungen III/6), Leipzig 2004.

VOIGT, Karl-Heinz, Ökumene in Deutschland. Internationale Einflüsse und Netzwerkbildung – Anfänge 1848-1945, Göttingen 2014.

VOIGT, Karl-Heinz, Kirchliche Minderheiten im Schatten der lutherischen Reformation vor 1517 bis nach 2017 (Kirche – Konfession – Religion 73), Göttingen 2018.

WAßMANN, Dieter, Waldeck. Geschichte einer Landeskirche (Monographia Hassiae 10), Kassel 1984.

WAßMANN, Dieter, Kurhessen zwischen Frankfurt und Berlin 1848-1866, in: Rainer Hering und Volker Knöppel (Hgg.), Kurhessen und Waldeck im 19. Jahrhundert. Beiträge zur Kirchengeschichte, Kassel 2006, S. 97-151.

WAßMANN, Dieter, Waldeck-Pyrmont in den Jahren 1800-1866, in: Rainer Hering und Volker Knöppel (Hgg.), Kurhessen und Waldeck im 19. Jahrhundert. Beiträge zur Kirchengeschichte, Kassel 2006, S. 241-334.

WEBER, Albrecht, Die Katholisch-apostolischen Gemeinden. Ein Beitrag zur Erforschung ihrer charismatischen Erfahrung und Theologie, Diss. theol., Marburg, 1977.

WERNER, Theodor, Art. "Ranke, Ernst" in: Allgemeine Deutsche Biographie 53 (1907), S. 199-205 [Online-Version]; URL: https://www.deutschebiographie.de/pnd101251327.html#adbcontent (abgerufen am 11.3.2022).

WIESEMANN, Heinrich, Ein unverletzt Gewissen zu haben. Die Erweckungsbewegung in den Kreisen Waldeck und Fritzlar-Homberg vom Ende des vorigen Jahrhunderts bis zur Gegenwart, Ewersbach 1974.